時光與想像

電影・文學・敘事

葉嘉詠——著

代序

香港中文大學中國語言及文學系教授　何杏楓

嘉詠請我為她的第一本書作序，我曾想過那是一本關於朱天文的專著，因為嘉詠的博士論文專研朱天文。這本書雖然是影評集，但嘉詠的文學底子還是紋理隱現，朱天文亦以《願未央》導演和《最好的時光》編劇的身分亮相。

這本影評集最值得注意的地方，是其文學視覺。嘉詠對電影的閱讀，基本上由文本細讀出發，再配合地域的脈絡回置，再後來才是電影理論。〈《她和他的戀愛花期》的敘述時間〉、〈《午夜天鵝》的天鵝「重像」〉和〈悲情的時代——論《最好的時光》中的角色設置與場景細節〉等篇皆能見到這一點。在一個影像舖天蓋地的年代，我們都在問，文學到底可以做什麼？也許嘉詠帶給我們的啟示，便是文學可以成為一種閱讀世界的眼光，穿透光影和幻象，追問有關親情、愛情、性別和角色的種種。

嘉詠這本書對讀者非常友善，說話人語調親切、充滿好奇，會用提問串起論述，拿著顯微鏡帶讀者欣賞細節，還會留下進階閱讀。電影以地域分類，香港、日本、台灣都彷彿近在咫尺。當中桑拿空間與饑餓演練參差對照，讓讀者由「幻愛七問」生出對電影之神的大哉問，讀來饒有趣味。

二〇二四年五月十九日

前言

觀看電影是我的興趣。電影是交疊光與影、聲音與色彩、時間與空間、過去與現在與將來、緩慢與快速、社會與文化與性別等議題的作品，每每給我相當大的震撼與驚喜，這需要在戲院才能看到、聽到與感受到，所以書中所評述的電影都是我曾在戲院觀看的。

我很享受在戲院的時刻，相比在電視和電腦串流播放電影，那真是無可比擬的感覺，而且這也是對電影團隊的尊重和支持。我看過早上十時大約三十元（港幣）的早場，不大不小的影院裡坐著不同年齡、性格、階層的觀眾，有時交頭接耳的聲音快要蓋過電影對白和配樂聲；我也看過下班後晚上七時的場次，在連接東鐵站新開幕商場的偌大戲院裡，全場都為了突然出現的鬼怪而高呼！星期六日應該是黃金時段，我也遇過謝票團隊比觀眾人數更多的場面，只能隱約地說一聲加油。更意想不到的是，有一天，我會以電影評論作為我的第一本結集作品。

為了記錄我的一點觀影想法，我嘗試提筆，寫下這些文章。

本書最早寫成的是〈悲情的時代——論《最好的時光》中的角色設置與場景細節〉。那時（現在也是）我很喜歡侯孝賢導演的電影，所以在《最好的時光》上映時就寫了這一篇比較像學術論文的評論。我沒有受過嚴格、有系統的電影分析和研究訓練，所以大多借用文學研究的關鍵詞、理論和思考方法來評論電影。後來嘗試埋頭閱讀一些與電影評論相關的書籍，半懂又不太懂，於是開始想運用一些論述電影的方法來寫影評。雖然結果未必盡如我意，但這不只能帶給我無窮的新鮮感，值得繼續不斷嘗試和練習，也對我的文學研究大有幫助。畢竟文學與電影兩個媒介，既有相近也有相異之處，例如文學和電影都有場景設置，可是表達方式各有不同，前者著重文字的想像力，後者是感官的盛宴。

我也很喜歡許鞍華導演和陳果導演。因此，我接著寫了〈不變與轉變：談《桃姐》的兩個場景〉和〈陳果《那夜凌晨，我坐上了旺角開往大埔的紅VAN》在香港的接受情況〉。前者寫得很快，因為一看《桃姐》便立即喜歡上了當中的平淡和細節，至於後者則是因為這篇同名小說極受歡迎，我看過電影改編後找了不少評論來看，接著便想就這些影評寫一篇與「接受理論」相關的論文。

《最好的時光》和《桃姐》兩篇文章都集中討論「空間」，可能是受到博士論文主題的影響。我的博士論文研究台灣著名作家及編劇朱天文的作品。朱天文除了在文學方面成就越卓，也經常與台灣著名導演侯孝賢合作，她的《童年往事》（與侯孝賢合編）和《好男好女》，曾分別榮獲金馬獎最佳原著劇本獎和最佳改編劇本獎。為了感謝她給我的啟發與靈光，本書的〈《願未央》的文字與照片〉，不知能否當作是一點心意呢。

在寫了這幾篇看似接近學術論文式的影評後，我開始思考文章的受眾層面。學術文章是給學術界人士看的，很多時會加入學術理論和專門術語，但電影觀眾未必會看這樣的文章。究竟他們是如何看影評呢？電影有流行、藝術之別，影評可以作為橋樑，貫穿二者嗎？因此，相距了一段頗為不短的時間，我只有看電影沒有寫影評，但還是繼續思考如何以文字表達觀影感受的問題。

直到二〇二〇年，新冠肺炎肆虐。在「新常態」時期，網路成為了不少人工作、學習和日常生活的必需品。有人批評網路發達阻礙深層思考，但我還是很感激網路平台發展的一日千里，讓我能適時閱讀和欣賞其他人的文字之時，肯定自己最感興趣的還是電影文本，而不是電影理論和術語。此外，網路文章需要用相對平易近人、比較容易接近一般大眾的文字，這樣我便嘗試深入淺出地表達我的想法，期望讓熱愛電影的觀眾有機會作參考。本書的雛型便是這樣誕生了。

本書名為《時光與想像：電影・文學・敘事》。主題「時光」正好回應副題「電影」，而「想像」既指「電影」也及「文學」，亦跟副題「敘事」有關。根據經典文學關鍵詞辭典 *A Glossray of Literay Terms*（M.H. Abrams），「敘事」包括「敘事者」、「事件」、「人物角色」、「時間」等。這些「敘事」關鍵詞，不但能應用於文學分析，也適用於電影評論。

然而，本書沒有特別著重專業關鍵詞和理論的探究，反而很重視個人與社會的連結、觀察和思考。除了引用文學的術語和研究方法，以助更全面而深入地探討電影中的文化、歷史、性別等議題，也同時兼及電影語言的討論，如鏡頭運用、畫面構圖等，這樣互為參考與交錯的論述，希望為讀者提供較新穎的研讀角度，突破現時文學與電影各自發聲的情況。

除了以上提及的三篇較學術型的文章，本書的大部分影評都只是約二千至三千字，很適合讀者閒暇時閱讀及賞析。因此，本書既適合學術界和教育界人士閱讀，也期望為對文學和電影感興趣的讀者，提升其觀影和評論的能力；相比格式化的學術文章，這樣的影評或許會直觀和感情豐富一點，但也許會有另一層的意義和價值。

本書共分兩部分，「香港的多重記憶」都是評論香港電影，例如《梅艷芳》、《好好拍電影》、《幻愛》，「異地的紛繁圖景」則是評論香港以外的電影，例如美國的《新聞守護者》、日本的《午夜天鵝》、《偶然與想像》、台灣的《願未央》、《親愛的房客》。這些電影主題各異，有人物傳記、心理議題、性別身份、政治社會等，而且電影語言也很豐富，例如鏡頭運用、感官意象、畫面結構、角色塑造等，甚具觀看性。重讀這些影評，我能回憶當時看電影時的興奮和喜悅，而且也提醒我凡事不要遲疑，因為有些電影因疫情而延遲上映，甚至是上映檔期不斷變換，這不但影響票房收益，也對喜愛在戲院觀看電影的觀眾如我有不少的影響，至少未能隨時在戲院看電影了，不過，我亦因此更加珍惜進入戲院的機會。至於這些影評的內容，便不在這裡一一細述了，但我是很期待讀者的感受和回應的。

最後，我要感謝長久以來支持我的家人、老師、好友、同事、同學等，他們一直以來都給我最多的鼓勵，還有無限的包容，尤其是百忙之中抽空賜序的何杏楓教授。何教授是我在中大中文系的學士、碩士和博士論文指導老師，她的勉勵和關懷，我一直心存感激。感謝秀威出版社願意出版這本小書，我們都知道現時購買實體書的讀者已不多了。感謝編輯彥儒的細心校對，不厭其煩地多次電郵往來，還提供很多實用的意見。感謝香港文學館網站「虛詞」提供寶貴的發表園地，本書不少影評都是首先發表在這個網站。感謝很多喜愛電影的朋友，即使身在香港以外的地方，仍然無時無刻不吝提供許多可以延伸討論的意見。最後的最後，還是感謝。

目次

異地的紛繁圖景

香港的多重記憶

《叔・叔》的桑拿空間及其感官隱喻

《叔・叔》上映已到第五週，好評依然不絕，除了導演、編劇、演員等表現出色，老年同志議題的爭議性，亦是牽引社會討論的重要原因。本文嘗試從小處著眼，探討《叔・叔》的神祕空間——桑拿，同時帶出與此一空間緊密連結的感官隱喻，如何透露同志感情的流動。

如果不是這一齣電影，可能未必知道及初步了解同志桑拿是怎樣的一個場所。桑拿是同志的消費地標，也是身分認同的場所。彭麗芳〈同志桑拿　衣櫃裡的喘息空間〉一文已為大眾揭開同志桑拿的神祕面紗，不過，香港也有同志酒吧，為何要選擇桑拿作為揭示阿柏和阿海內心祕密的場景？根據一般的解說，桑拿有促進新陳代謝，消除疲勞，還有說能治失眠。這些都與身體、治病等有關。《叔・叔》以桑拿空間作為隱喻，暗示男同志在此治療「疾病」。此一疾病不是說同性戀是疾病，需要治療，相反，同志在桑拿清洗和掃除他們在道德制度之下的恐懼、擔憂、無力感等，繼而成為身心放鬆、釋放慾望的人。

觀看的層次

那麼感官與桑拿、同志有何關係？感官包括視覺、嗅覺、味覺、聽覺、觸覺，五官之中通常最先想到的是視覺。電影中阿海帶著阿柏來到桑拿，觀眾就如跟著二人的腳步走進這個隱祕的空間，看著他們從儲物櫃、房間走到浴廳，一直偷窺同志隱祕的一面；有些是滄桑的，有些又很瀟灑，究竟阿海阿柏是哪一類？導演以帶點暗黃的燈光呈現同志桑拿的幽祕環境，不論是互不相識帶點尷尬的神色，還是開懷吃喝聊天的笑語，桑拿構成了很曖昧的空間。

導演為這個空間築構三個觀看層次，而這三個觀看層次是逐層深入的：一是觀眾看桑拿的男同志，二是桑拿的男同志看阿海和阿柏，三是阿海和阿柏互看。首先說一，這種觀看方式很有趣，因為導演無法猜到觀察是同性戀者或異性戀者，這種不確定性可能令觀眾更投入或更抽離。無論是哪一方面，或會令人聯繫到人生何嘗不是如此？永遠無法完全確定自己的前路，不就是說同志身分嗎。二是同族群的男同志與阿柏二人在桑拿吃飯談笑，這些男同志自成一格，他們從小眾的角度謝絕了外來者，接納不被社會制度認同的同志，同時，桑拿建立一套屬於自己的規則，例如「黑房」是同志性交的房間，而不是一般人以為是曬照片的地方。由此可見，桑拿是在拒絕性別二元規範下的特殊規範空間，不得不說是曖昧的場景。三是阿海和阿柏在桑拿偷情，此一地既滿足了男同志的情慾需要，同時代表他們「背叛」傳統家庭婚姻關係。這由兩人的名字已能呈現出來：柏樹壯大，海闊自由，兩人內心掙扎和壓抑的程度，自是不言而喻。

以瓜喻人

上文提及桑拿吃飯一幕，與食物味道有關的討論，陳廣隆《叔・叔》的十八場食事已仔細地臚列各個食飯場景，其細緻的觀察實在令人佩服。吃飯場景固然重要，每人每天都必須進食以維持生命所需，但未必有人如此關心每次吃什麼，在什麼地方吃，和什麼人吃等等。本文希望由此延伸討論。在桑拿場景中，阿海和阿柏與眾人一同吃飯，令人印象很深刻的是其中一對年齡差距不少的同志的說話。年老的一位說：「都唔知佢鍾意我啲咩！[1]（語帶笑意）」年輕的一位回答：「我鍾意佢又老又皺皮，成個皺皮瓜咁！[2]（也是語帶笑意）」原本只是幾句玩笑，不但反襯阿海和阿柏未盡人意的結局，而且蘊含同志命途的意義。以瓜物化人，可能欠缺尊重，皺皮更從外表突顯身體老邁，但懂得欣賞的人自是知己，正如同志都在尋找「識貨」之人，大家掀開外表，正視內心的真正需要。不過能夠知行合一的同志不多，尤似皺皮瓜要剖開來看，才能吃到多汁香甜之味，只看賣相不佳，很容易忽視其優點呢！

同路人的氣味

嗅覺是五官中較受忽略的，但不代表嗅覺沒用，本文認為這種感官不應只集中在真

1 意為「不知道他喜歡我什麼啊！」

2 意為「我喜歡他又年老又皺皮，像個皺皮果呢！」

實的氣味，反而更應留意不存在的、虛想的氣味。近日，「廣東話」受到廣泛議論，這裡不妨從嗅覺的「廣東話」談起。電影中阿柏和阿海在公廁的小公園相遇，他們如何得知對方是同道中人？衣著還是動作？語調還是腳步？神態還是姿勢？答案是「聞到你陣除」（嗅到你的氣味）！這句話當然不是規範的廣東話，但這種心領神會總是令人觸動的。廣東話不是「官」話，同志身分何嘗不是呢？嗅到同味的他們不是立即去桑拿，而是由小心的試探、計程車分為司機和乘客開始，然後才一同吃茶餐廳、再一起上桑拿，導演的安排是很細心和巧妙的。桑拿是明確引證同路人的地標。嗅覺不容易拍出來，拍出來也可能破壞美感，但以桑拿空間作為肯定二人關係的場景真是恰當。桑拿的神祕猶如兩人嗅到彼此身上的氣味，只有同路人才能領略。阿海如何得知有同志桑拿呢？明顯也是「聞到」同路人的氣味吧。各人微妙的串連不可不說是由嗅覺中冥冥安排的。氣味容易飄散，就如緣分，但二人即使「嗅」味相投，也沒有即時確認，直至來到桑拿——同路人氣味的集中地，也是最濃烈的一種，才放開自己，正視自己的情慾需要。

〈微風細雨〉的過渡

至於聽覺，看過電影的觀眾都會留意到青山〈微風細雨〉一曲，雖然播放次數還可以少一點，但歌詞的含意實在不容小覷。電影有一幕是二人從桑拿出來後在計程車牽手，〈微風細雨〉徐徐播出。這首抒情歌的歌詞有不少很直接的形容詞，如「詩意」、「可愛」、「美麗」，可以用來呈現同志情誼的美感。也有人由柏和海的名字連結歌中的「微風」和「細雨」，柏樹迎風吹拂，伴著細小雨點落在海上，不過最令人感動的還是末句「訴說無盡祕密，讓我們共尋覓。」他們如果不在幽暗隱密的桑拿空間，似乎難以釋放同性的情慾想像，所以〈微風細雨〉出現在他們首次靈慾交纏之後，應該是很切當的。就是因為他們在桑拿裡彼此確定心意，共尋未來，計程車牽手才恰如其分。聽歌除了考慮曲風、歌詞等，還需斟酌播放歌曲的場景。音樂是文本的節奏、形式，還是其內容。〈微風細雨〉不但連繫了兩人的故事，還成為二人從慾到情的自然過渡。

說到聲音，這裡想以阿柏為例再說明一下。阿柏的話很少，更能突出其內斂個性，也因此需要特別留意他的說話。例如阿海坐在計程車後座，阿柏說：「不下車，捨不得我啊？」阿柏把計程車讓給女婿，女兒才知道父親沒有偏心，阿柏沒解釋，只說：「傻女，一起吃早餐吧！」一邊是真切感受不經意的投射，一邊是傳統父親的典型形象。阿柏在現實與內心的互相拉扯，透過三言兩語來表達，可說達至無聲勝有聲的境界。

內在的觸感

最後談觸覺。有些觀眾可能期待過電影的情色片段，剛好相反，《叔・叔》雖然打著同志電影的旗號，情慾鏡頭卻少之又少。導演拍攝二人在桑拿房間內做愛，包括手、腳、嘴巴的特寫，已經是僅有能看到的所謂「情慾」觸感了。這些直接及明顯的觸覺呈現，其實遠不及含蓄內在的觸動。回到上文舉列共桌吃飯的一幕，阿海為阿柏夾菜，目的是透過食物來傳遞感情，這樣比官能刺激更加觸動人心。其實觸覺不但指直接的觸碰，更是間接的交流，後者更顯示情感的堅實。同桌有人問二人是否在一起十年了，他們尷尬地笑，究竟是什麼讓人有如此聯想？二人少說話但有行動（你夾菜，我吃飯）上的默契？至少不會是親嘴等肢體上的觸碰吧。所以，這樣曖昧的情感流動，最是具備質感的；由我的筷子夾著餸菜[3]送到你的飯碗，不就是間接的親吻嗎？

如果要數電影中觸覺例子，不得不提阿柏的紅色衣服。這一意象雖然與桑拿場景無關，但是導演有意設計這細節，隱約透露阿柏的過去。阿柏妻子想丟掉這件衣服，阿柏想留又不好意思明顯地表現出來，觀眾當會想到這件衣服的意義自是不一般了。這是情人的衣服？這人現在在哪裡呢？他們如何認識？引起觀眾無限聯想。最重要的是這件衣服曾經是兩人情感交流的證明：昔日你的衣服穿在我的身上，猶如你的皮膚緊貼我的身體，輕撫和安慰我的心靈。電影以隱晦的方式暗示阿柏妻子知道阿柏的同志身分，但又不忍心揭穿，最終還是為丈夫保留這一點回憶，更重要是維持一家的和諧。說到這裡，這一幕是否為電影中開放式結局留下了一點線索呢？

桑拿是同志隱藏祕密和發現祕密的空間，必須由同志帶領進入並感受其中，觀眾似乎是帶點距離的窺視者，未必能領會當中的奧祕，但從另一方面看，由這一視角來探討同志的壓迫和掙扎，或許會有更廣闊和深層的思考。本文無意重現和對比現實和《叔．

3 意為「買來的菜」。

叔》的桑拿場景，而是希望以此一空間隱含的視覺、嗅覺、味覺、聽覺、觸覺五種感官的意義，細緻探討同志之間所呈現出具人性和真切的情感。其實不論性別身分年紀，找到人生伴侶已經不是容易的事，更何況是年老的同志；我們應該懷抱寬大的心去包容和接納社會上的少數族群。

原刊「虛詞」網站，二〇二〇年七月二日。

延伸閱讀

江紹祺：《男男正傳：香港年長男同志口述史》，香港：進一步多媒體有限公司，二〇一四年。

《幻愛》七問（或自問自答）

我不敢說《幻愛》是近十年的最佳香港愛情電影，各人心中自有一個衡量「最佳」的準則，我會說《幻愛》是一部具有野心的作品。這部電影不但有意探討疾病、性別、權力、階層等多種議題，還考慮到商業成本、藝術質感、視覺效果等元素，當然更重要的是香港本土地方的呈現。以下提出的七個問題（或包含答案），未必就是電影的全部，但就近日對這部電影的評論，我很想跟各位分享一下想法。

1.《幻愛》想討論的主題不少，例如生理和心理疾病、性別與階級，尤其前者是電影的關鍵詞。電影中每人都患病，最直接明顯的是李志樂患有精神病。其餘幾位角色的病是若隱若現的，如葉嵐的病是受到家庭、學業、人際關係等壓力的心理病，飽起靜和潘燦良飾演的大學老師擁有權力而以此控制別人的病。據說不少人都在知情和不知情之下患有不同程度的疾病，故此可說《幻愛》實在是一部很寫實的電影。問題是，電影在兩小時之內需要處理（至少是）這幾位角色的患病原因、心理變化、階級差異等，而且他們之間互有緊密的關連，如 Dr.Simon 和葉嵐的師生「戀」、李志樂和葉嵐的病患和輔導員角色的交錯，這樣的人物構圖和身分關係，對觀眾的要求未免有點高了。觀眾想集中看愛情線，便有機會遺忘「移情」和「反移情」的意思，如觀眾留意到鮑起靜被稱為帶點戲謔又有點不屑意味的「老佛爺」，便可能忽略她也是施害者。

2. 有影評人指出，《幻愛》好像有厭女情結，葉嵐有如蕩婦，這樣便會矮化和平面化女性角色。相關例證已討論了，我不打算再繼續圍繞這個話題，反而想借葉嵐這個人物來帶出，過於豐富的人物塑造造成的反效果。葉嵐身分特別，既是心理系學生，又是輔導員，童年時受母親虐打，長大後為利益出賣自己，明知身分尷尬還是跟李志樂在一起，以上種種都跟葉嵐有關，更別說眾所周知她是欣欣的「幻象」。把眾多性格、心理特質、背景因素等加諸一人身上，我是很佩服編劇的想像力的，同時，觀影時要「駕馭」這個角色的難度亦相對提高不少。如果各位認同葉嵐一角太過刻板和扁平，我不反對，但我相信編劇應該想過利用這個最初是刻板和扁平的角色，逐步深入發掘問題的所在：究竟葉嵐值不值得被愛？葉嵐的掙扎至少包括：從學習層面看，她為愛情還是為前途（導師告誡過她「反移情」對其論文有影響）？從階級層面看，她棄 Dr.Simon「選」李志樂？從個人層面看，她承認自己 cheap 但又拒絕不了李志樂？問題是，用比較典型的角色設定，能否帶出新意思和新思維，這方面似乎比較考功夫。我不覺得電影角色 old school 到難以接受，就以 Dr.Simon 為例，他有家庭有事業有名望，但仍利用職權佔便宜，背後的故事應該很有趣，電影卻沒有足夠的時間發掘他「人面獸心」的原因（我很欣賞電影的一個小細節：葉嵐和他做愛後，請他把衣服給她，他真的「掉」衣服給她，反映他不尊重對方，只視她為其中一位性伴侶）。

3. 以上兩點談到主題和角色設計，這就會牽涉到結構。《幻愛》是三段式結構，這是很多影評人都提及的。首三十分鐘的電影有說是純愛片，唯美得令人難以置信電影中的場景就是香港，這是編導取景的用心，應記一功。問題是，看了唯美愛情片後，如何讓觀眾進入主題核心？欣欣和葉嵐外貌很相似？X個月後的字幕？李志樂用錄音確認眼前人非女友？突兀的轉折很容易成為敗筆，影響觀眾的投入程度。未知編導會否考慮首三十分鐘的純愛部分稍減一點，李志樂和欣欣的家庭問題應該保留，這是前者發病的原因之一，影響後來李志樂和葉嵐的相處。但拍拖部分應減少一點，讓觀眾在兩人徘徊愛和被愛之間，思考兩部分（欣欣和葉嵐）有何連繫。當然，靚人靚景如此賞心悅目，誰會不喜歡？這就由編導來把關吧。

4.

《幻愛》團隊到戲院謝票時，觀眾提問結局是真是假，我認為結局是葉嵐和李志樂真的在一起，而且是相當合理的。一個不為前途，不理會能否再成為心理系學生（進而成為臨床心理學家），一個強迫自己壓抑欲望的精神病康復者，兩人衝破困難找到對方，帶有正面光明的意義，這是電影帶出的道理：無論是哪一種愛，都能勝過一切罪惡，撫慰受傷的心靈，因此也能去除精神病患者的污名。問題是，這種愛偉大得有點過頭，接近宗教信仰的、外在形式化的愛，甚至有點簡單化了精神病這個嚴肅又現實的議題。例如葉嵐碰到 Uncle Wong 便回家嘔吐（心理污穢外在化），後向李志樂直接宣告自己「好污糟好 cheap」（直面罪惡），意圖打破「女神」形象（又一證明編導對葉嵐這一角色確實「用力」很深），葉嵐變回一個隱藏黑暗面的普通人，但李志樂在其屋外守候到天明（世人都不是聖人，認罪後便會獲得赦免，重新做人），結論是愛是永恆的、不保留的。

5. 相比結局的猜想，其實我對開場更感興趣。通常還未有對白，觀眾便不會太留心螢幕，尤其在介紹與電影相關的人名的那幾分鐘，不去洗手間可算是給足面子了。但電影很花心思在這開場部分。電影名為《幻愛》，視覺不帶點「幻覺」是說不過去的。故此電影開首不論畫面還是文字，都像「幻覺」，不論文字的色彩，迷濛的鏡頭，還是名字轉換的速度，都有點玄幻的感覺，當然我明白這是導演特別設計的效果。我只是為那些辛勞的工作人員有點不值，文字玄幻得差點看不到全名便消失了。這是否預示結局是個幻象？李志樂看到的是葉嵐，並跟她在一起，他的病好了，他想像出來的欣欣消失了？這個首尾呼應跟李志樂在葉嵐和欣欣之間拉扯的一場崩潰戲，更有連接的關係。欣欣說過：我是假的，但我的愛是真的。真實與虛幻的愛一直是電影的核心，李志樂到最後終於懂得何謂真幻，「幻愛」經過幻想之後獲得真實的確定。

6. 說到最令觀眾心動的，不得不提「屯門」這個場景，最近還有人帶團遊覽電影取景地，怎能說香港人不支持港產片呢？我覺得《幻愛》拍的是很香港的，例如輕鐵、井型公屋，這些不就是打卡的熱門勝地嗎？外國人來香港都要尋找這些很香港的景點。所以問題是，為何是屯門？「光籽電影」臉書上說選屯門是監製及編劇曾俊榮的個人情結，但只有主觀解釋未能說服觀眾為何以屯門為主要背景。曾又說香港電影拍屯門與黑社會等負面形象有關，他想拍出屯門的美。不過《幻愛》只有開首三十分鐘是精緻的屯門，其餘呢？我認同電影極具代表性的場景就是輕鐵，李志樂從輕鐵看到欣欣，那種緣分天注定的喜悅令人感動，而且輕鐵的速度快，更符合「幻」的特質。一些外圍因素可當作次要解釋，最重要的還是屯門對電影或角色的意義在哪裡呢？屯門是新市鎮，住屋租金比較便宜，較適合男女主角的背景？屯門人口密度還是比較低，男女主角有較多遊走的空間，避免曝光二人關係？天水圍、元朗這些輕鐵行駛的地方（也有井型公屋？），不也有這些特質嗎？

7.至於最令人不解的，應要數 Uncle Wong 的出場。就在兩人在一起之時，葉嵐前男友即其母男友在較暗黑及突然的情況下出現，殺兩人一個措手不及，而且這位 Uncle Wong 說話很曖昧，例如想知妳（葉嵐）和妳媽媽最近如何？他的行為和說話，與其說是破壞兩人關係的原因，不如說是葉嵐承認個人缺失的契機。一位 Uncle Wong 的閃現便令葉嵐如此失控，當然不可能是隨意的安排。問題是，為何安排一位男性作為葉嵐懺悔的關鍵人物？Dr.Simon 也可以是令葉嵐反思自己多年脫序行為的男性，但偏偏是 Uncle Wong？編導想強調童年慘劇對葉嵐影響深遠？還是性愛關係混亂也是電影有意探討的主題？前者應該找葉嵐母親，她才是「罪魁禍首」，但葉嵐表面上承認自己已經不怨恨母親了，後者對比葉嵐和李志樂做愛是基於「真愛」，但葉嵐未能享受性愛，又與其母有關。故此，Uncle Wong 一角可有可無，關鍵人物應該是葉嵐母親吧。但這位人物只在其他角色口中出現，卻從未現身。電影想帶出的是葉嵐母親是其陰影，一直隨行？還是電影內容已經不少了，無法承載多一個角色？

最後，《幻愛》的討論如此豐富，票房連續八天奪冠，差點突破八百萬，有說是商業利益的計算，如果是這樣，我覺得《幻愛》可以更通俗更唯美，兩人相愛相殺可以來得更套路，譬如葉嵐的真愛感動了老師，讓她重讀，又如 Dr. Simon 被揭發專業失德，惡有惡報。但這些都沒有出現，因此我相信《幻愛》的格局不止於此，電影還是有意盡力拋棄公式和臉譜人物，但事實未必盡如人意。電影愈想深入挖掘人物心理，就愈發現還有很多情節未能鋪排好，最後唯有讓角色「開估[1]」。直白的說話當然可以是坦然面對傷口的方法之一，但我以為這是因為電影快要收結了，再不交代便令觀眾帶著問號離場。

我還想提出一些疑問，例如誰是偷窺者？誰把李志樂和葉嵐拍拖的片段交給社區中心？另有一些是我很好奇的，例如輔導過程是怎樣的呢？聲音是精神病患者用以分辨真假的方法嗎？還是李志樂特別有自覺意識？……像我這樣的一位觀眾，本來就該多看電影兩遍啊，「我不介意……你呢？」

原刊「虛詞」網站，二〇二〇年八月五日。

1 意為「解說清楚」。

延伸閱讀

蔣曉薇：《幻愛》，香港：突破出版社，二〇二〇年。

《好好拍電影》的「參差的對照」

許鞍華拍攝超過三十部作品，其中包括改編文學名著為電影，例如《傾城之戀》、《半生緣》，還有即將上映的《第一爐香》[1]。許鞍華對張愛玲的喜愛，可能是氣質接近，又或張愛玲的創作觀與她相似。張愛玲〈自己的文章〉說過：「我喜歡參差對照的寫法，因為它是較近事實的。」由此可見，張愛玲對色調是很敏感的，而且她認為貼近真實的寫作並非絕對的好與壞。本文借用「參差的對照」概念來分析導演文念中《好好拍電影》，原因是這部紀錄片與張愛玲所言有所對應：一是電影也是講究色彩（「蔥綠配桃紅」）的載體，二是許鞍華的一些電影也近於寫實風格。

1　電影於二〇二一年十月二二日在中國上映；二〇二二年一月十四日在台灣上映。

許鞍華「好好拍電影」

首先，我們從《好好拍電影》看許鞍華如何構想和拍攝電影。令我印象深刻的是許鞍華講述她如何了解天水圍。《天水圍的日與夜》榮獲多個香港電影金像獎大獎，深受大眾關注，但《天水圍的夜與霧》應該更值得重視，它的「悲情」更引起共鳴。

第一組對照是真實與虛構。《天水圍的夜與霧》講述二〇〇四年真實發生的天水圍一家四口滅門慘案，任達華飾演的香港人李森與張靜初飾演中國來港的王曉玲雖然是虛構人物，但他們夫妻的形象都能在生活中找到對應，這樣便讓觀眾將虛構轉移到真實之中，並由此而開始思考現實世界中的新移民、房屋政策等社會問題。推而廣之，許鞍華關心的不只是虛構的電影故事，她更在意的是香港社會與中國大陸的關係，還有隱含的性別、年齡、階級、家庭位置等不能忽視的重要議題。因此，虛假的內容與現實的香港身分認同不是非此即彼的強烈對比。

如果要更理解「參差的對照」的意思，便需要以另一層面作參考：《好好拍電影》與《天水圍的夜與霧》的對照。文念中很理解許鞍華，也很清楚她電影的獨特之處。

《好好拍電影》選用《天水圍的夜與霧》的片段是，李森與王曉玲帶著兩位女兒走進電梯大堂。這個景象看似平平無奇，同時許鞍華說她記得那幢大樓的藍色和光亮，語氣很平淡。文念中將溫馨幸福的情景和淡然的語調交匯起來，會有怎樣的效果？視覺的「藍色」即是心理的「blue」，有「憂鬱」之意，這樣的一語雙關正好帶出長期不被正視的「憂鬱」演變成慘劇。許鞍華憑著敏銳的觀察能力與深刻的人文關懷，沒有急於判定李森殺人便是絕對的壞人，反而深入探討慘案背後的問題，揭示他受失業、心理壓抑等問題困擾，又得不到適切的協助，最終使這位愛家人的人殺人自殺。

另一組對照是藝術片和商業片。如果說改編文學作品的是藝術片，如《書劍恩仇錄》和《黃金時代》，那麼許鞍華說《桃姐》是商業片，應當是指選用明星劉德華和葉德嫻當男女主角，劇情符合主流觀眾口味，通俗易明。事實上，《桃姐》沒有華美的布景和衣飾，沒有3D特技或4K修復或全景聲效果，葉德嫻飾演的桃姐也沒有用化妝技巧使之成為「美魔女」，活脫脫就是一位老人。

再一次以《好好拍電影》作對照。《好好拍電影》選用的《桃姐》片段真的不難明白，例如Roger詢問老人院員工有關收費的細項，對方便逐一細緻說明，對話是很真實的。但我更留心的是桃姐剛住進老人院裡，鏡頭從桃姐的角度觀看老人院的破舊和不衛生，接著桃姐的頭睡在行李上而不是床上。特寫、遠近景交換等電影語言的運用，無疑帶出桃姐的內心感受，這可說是藝術片吧？所以，藝術片和商業片的分類和定義，似乎未能「一刀切」地下定論。文念中用鏡頭為我們好好地解說一番，而且不著痕跡。

《好好拍電影》拍許鞍華

接著，我們看許鞍華作為主角拍攝《好好拍電影》，即是文念中如何拍《好好拍電影》。我特別留意那些與拍電影關係不大的片段，這些細節未必完整地呈現在電影之中，正因如此，也是最耐人尋味的。

《好好拍電影》是很香港的，例如許鞍華非常自然地說著夾雜廣東話和英文的「港式中文」：「我好 commited to 呢個地方，我好想做一啲野」[2]，又例如她發脾氣後會請

[2] 意為「我真的致力於這個地方，我好想做一些事情。」

工作人員吃菠蘿包和喝奶茶。不過這些例子怎也及不上文念中拍攝許鞍華到中國大陸宣傳《明月幾時有》的部分。

如果我們要了解一個地方，其中一個有效的方法便是與其他地方作對照。所以，我們要理解香港，以中國大陸來對照香港，才能見到香港的獨特之處。由文念中的角度，我們可見許鞍華很有主見地當著工作人員面前說只講與電影相關的話，不會說祝福話，而且至少說了兩次類似的說話，反映她是一位很有原則的人，不會因為票房而做違背自己的事。不過許鞍華也會「入鄉隨俗」，她的「港式普通話」雖然很香港，但她也沒有只說廣東話而請他人當普通話翻譯。由此可見，說話內容和語言不但是「參差的對照」例子，更是呈現兩地差異的方法。許鞍華熱愛的是電影，如有助觀眾理解她的電影，她是不介意「重複」（雖然她在《好好拍電影》提到她不想接受問題重複的訪問，但她最後還是忍耐了！），電影以外的便不會妥協。

這當然不是說許鞍華完全認同香港。許鞍華對香港的理解也是從「對照」的角度出發的，但她對香港的熱愛，使她對香港這個地方有更深入的體會，所以她是以香港對照香港。當文念中問她何謂香港本土文化時，許鞍華很清楚地說出一些關鍵詞，例如香港有很多「殖民地」建築，現時「全球化」了。換言之，她從時代歷史對照香港（殖民地VS.特別行政區），又以全球化對照香港，發掘香港的特色。

因此，文念中表達許鞍華與香港的關係，不但從外地對照香港，而且從香港對照香港，這樣，許鞍華眼中的香港便多了一個層次的對比，也令「香港」的意義更豐富了。

《好好拍電影》的最後，有點不免俗套地加入許鞍華榮獲威尼斯終身成就金獅獎的片段，當然，她是首位華人女導演獲得此獎，很值得表揚。不過我更在意的是許鞍華榮獲香港電影導演會獎項時激動落淚的片段。她說自己不容易在獲獎時哭的，但此次她哭了。因為是香港主辦的頒獎禮嗎？因為是電影拍得辛苦但海外票房不佳嗎？還是……我們不會知道真實答案，但許鞍華還是會「好好拍電影」，這是無需否認的。

原刊「虛詞」網站，二〇二一年三月三十日。

延伸閱讀

卓男、吳月華主編：《許鞍華・電影四十》，香港：三聯書店，二〇一八年。

張愛玲：〈自己的文章〉，《華麗緣》，台北：皇冠出版社，二〇二〇年。

許鞍華：《半生緣》，台北：皇冠出版社，二〇二〇年。

許鞍華：《傾城之戀》，台北：皇冠出版社，二〇二〇年。

《殺出個黃昏》：直面「香港」的黃昏

聽說不少觀眾想一睹謝賢沒戴黑色眼鏡的造型而入場觀看《殺出個黃昏》，而我更想看的是電影到底有多「香港」／「黃昏」。

為何說《殺出個黃昏》很香港？最明顯的當然離不開果欄、廟街等地景。至於「黃昏」，表面的意思是電影人物都是老年人，他們好像沒有未來，失業、無愛、生病等問題，一直圍繞在他們身邊。不過，如果電影只是描寫這些老年人的生活慘況，格局便不夠宏大了。電影的老年人不只是年齡上的「黃昏」，還是香港「黃昏」的隱喻。

編劇設定的人物職業很神祕，田立秋、蔡鳳和葉一叢都是殺手，原本不易為人察覺，他們的存在感其實不高。加上導演安排三人不是住在偏遠地方，便是躲於暗黑的歌廳，又或藏身客貨車和「一樓一」[1]之中，又狹窄又無光，真是難得一「見」的職業。

---

[1] 意為「性交易的處所」。

然而，因為這一職業相對比較特別，令人耳目一新，引起了人們的好奇心，總想窺視他們的一舉一動。如果將他們比作香港，又是否合理呢？香港的地理位置比較邊緣，人口密度又高，原本沒什麼吸引力，不過這裡開放自由，所以經商的、旅遊的人士路經此處，可能會稍作停留，全靠這種優勢，香港成為了國際都會、購物和美食天堂，難得成為一個應有盡有的城市。

如果就這樣強行「植入」兩者的關係，未必有什麼特別，電影最重要的是告訴我們，殺手也有「黃昏」！要一個人或一個城市直面自己的「黃昏」，直面社會急速變化，直面人老失業沒人關愛，從來都不是輕易的事，編導有勇氣探討這些議題，實在難得。

而且，他們還「被兩次」黃昏！這三位老年人（雖然林雪還未到六十歲，葉一叢還算不上老年，但他比八十多歲的田立秋的病痛多多了，身體上便更加老了）面對的第一次「黃昏」：殺手轉行，做麵店，做歌廳，做司機，都只是為了掩飾殺手的「黃昏」。至於第二次「黃昏」：沒有經濟效益（田立秋用人手削麵，手腳太慢）、嚴重代溝（蔡鳳的兒媳與她同住、兒子在歌廳幫忙，其實只為謀取她的房子和歌廳）、感情泛濫（葉一叢以為妓女對他同樣有愛情），就更令人惋惜。

有說我們常以為未經歷過的，總是難以想像，但看著這三位老年人，又覺得這些事情原來一點都不難理解。為什麼？因為由他們的「黃昏」可以聯想到香港的「黃昏」。

那麼，香港的「黃昏」是怎樣的？新冠肺炎疫情時好時壞，飲食、零售等生意慘淡，失業問題嚴重，經濟發展負增長等問題經常出現在新聞報導，不過，這些問題不只是香港在經歷，全球不也是如此嗎？究竟香港的「黃昏」有何獨特之處？回看上文所說三位主角的雙失，他們的「黃昏」都是無可選擇下的「被」無情嫌棄，香港不也正在「被」讚賞、「被」反對、「被」解說……看來香港這個地方真的又魔幻又奇詭又瘋狂。

幸好，電影沒有全然的絕望，原因之一是這個殺手三人組重出江湖。三人繼續各司其職，構成天衣無縫的殺手組織，只是搖身一變成為「耆英天使」。這個名字真夠親切又反映實況（「天使」不是最接近天堂／死亡的嗎？），而且他們既迎合市場需求（老年人一直被忽略），又會在心理上自我安慰和慰解同是天涯淪落人。蔡鳳不是說過，他們所謂的殺人，其實是在「幫人」嗎？香港人樂善好施的心很值得稱讚，劏房、就業不足等社會問題，不少人（包括政府）都很積極地提供解決方法，只是方法未必有效，或許要經過多少年月的失敗，才能迎來勝利吧！想來編導似乎更加「貼地」[2]，值得大家參考。「耆英天使」不只是名字改得好，更重要的是他們懂得推銷技巧！他們對準target，在老人出沒的地方廣貼街招，然後一傳十、十傳百，不需用智慧型手機上網用APP登記，也不用通宵排隊簽名寄表格，方便多了。

第二個原因是這個組合經過重組，更具威力！雖然紫瑩只是誤打誤撞「加入」三人組，但她的出現，令三人重新認識自己和身邊的人。編導安排的其中一個生活細節是很有心思的，上文提到的智慧型手機，就是不能輕易放過的道具。

田立秋原本很討厭紫瑩整天拿著電話，她一時在聊天，一時在看電視，不大理會他，他也不知道她在看什麼，就像兩個互不相干的人同處一屋，令原以為屋子裡有點「人氣」的田立秋失望了。然而，成也電話敗也電話，電話救了他們一「命」。田立秋未能感化紫瑩，反被她同化，「爺孫」一同用懶人神器看電話，吃零食，不亦樂乎！當然，現時智慧型手機的功能必然不是打電話，追蹤功能卻可以隨時救人於無形。紫瑩被男友帶去墮胎，

---

2 意為「現實、實際」。

三人全靠智慧型手機才找到可憐的紫瑩，並大展昔日的殺手好身手拯救紫瑩。

因此，誰說「黃昏」不能「殺」出重圍！審時度勢，靈活變通不就是香港人的特質嗎？現時疫情仍然反覆，沒有遊客，酒店沒人住，staycation 便應運而生，本地客也是客啊；未能搭乘飛機出國，便在家享用飛機餐，食左當去左吧[3]。結果，酒店減價促銷成功，外賣飛機餐擴大為隔離餐，疫情似乎為香港開拓了另一商機；殺出血路，究竟是喜還是悲？就留待我們拭目以待吧。

最後想問一句：香港已到「黃昏」嗎？不是有人已經移民或考慮移民？無論你的答案是肯定還是否定，不妨留意電影的結局。紫瑩生下孩子，與田立秋和蔡鳳一起生活；葉一叢雖然坐牢，但看醫生不用等。這樣美好的結局，應當值得期待，但電影還有最後一幕，兩位老人坐在屋外看著天空，時間好像停止了。是啊，時間停止代表人不會繼續老下去嗎？怎麼可能。電影的名字便是 *Time*，時間是一直向前流動的，永不回頭，所以此刻的美滿只屬當下。不過，曾經拯救生命怎也能算點功德，抵償從前殺人的業障

3 意為「吃了飛機餐便當作是去了旅遊吧。」

了。「黃昏」又怎樣？這種盡己所能的想法，也許是我們適應現時情勢的態度，更何況，「黃昏」過後便是另一天，電影中紫瑩的新生命就是最好的暗示。

原刊「虛詞」網站，二〇二一年八月十日。

延伸閱讀

高馬可著、林立偉譯：《香港簡史》，香港：蜂鳥出版，二〇二一年。

「我們」的梅艷芳：《梅艷芳》的親情和愛情

《梅艷芳》既能讓我們重溫昔日香港的面貌、回憶香港的重要歷史等，看來像一部懷舊電影。《梅艷芳》也能讓我們緬懷梅艷芳人生中一些重要的人物和事情，看來也像一部人物紀錄片。不少影評對這兩大議題都有很多討論，本文嘗試從另外兩個角度：生父的缺席和異地的對比，呈現導演如何建構梅艷芳與「我們」的關係。

生父的缺席

要談梅艷芳的親情，觀眾大多留意電影缺少了梅艷芳母親和兄長，也受電影深入刻劃梅愛芳和梅艷芳的姐妹情所感動，卻鮮少談及梅艷芳提過的親生父親。

導演特意安排電影的尾段，由梅艷芳「親口」說出自己未見過生父，她視劉培基、何冠昌和蘇生為父親。這段對白很值得討論。即使姐妹情很好，梅愛芳患病，梅艷芳在其病床前安慰和唱歌，但梅艷芳是「親口」提及她的生父，更值得注意的是，生父的缺席並未對梅艷芳造成什麼人生的缺陷和遺憾，相反，導演帶出的訊息是，梅艷芳是屬於「我們」的。

能夠成就「我們」的梅艷芳，就是這三位男士的功勞，可見導演的選材是得當的。蘇生教她唱歌投入感情，何冠昌投資的《胭脂扣》讓她勇奪金馬影后，劉培基為她設計百變造型，三位都對她恩重如山，但只有她的生父是帶她來到這個世界的必要人物之一，否則任憑這三位男士再厲害，都無法讓梅艷芳成為梅艷芳。不過，在導演眼中，以上三位男士雖然只是「代替」了梅艷芳的生父，正是那種超越個人和家族血濃於水的親情，讓他們以其過人的能力建立梅艷芳的天后形象，讓梅艷芳成為站在舞台上的閃耀巨星，讓「我們」可以帶著欣賞的眼光讚許她的歌藝、演技和造型。

再看導演安排三位男士在電影出場的時序，更突顯了梅艷芳作為「我們」榜樣的意義。蘇生雖然在華星時一直幫助梅艷芳，又提醒她平衡愛情與事業，但他後來移民，在梅艷芳生命中缺少了一段時日。何冠昌的重要在替梅艷芳解決江湖大佬一事。看來只有劉培基可說是一直陪伴梅艷芳的人，除與事實有關，其設計師身分也是最能接近一位演戲、唱歌、拍廣告等兼擅的藝人吧。然而，即使兩人再親密無間，當梅艷芳舉行最後一場演唱會，劉培基依然只是替她設計婚紗、替她在台下整理衣飾，未能作為她的父親挽著她的手進場。這個甚具象徵意義的動作，導演仍然選擇「忠於原著」，沒有強加情節而使電影變成大團圓結局，這便可以理解，梅艷芳的「嫁給舞台」，並不只是煽情的口號，而是屬於「我們」的意思。當電影重現梅艷芳披上婚紗的模樣，觀眾自然感受到梅艷芳的專業和敬業，這不是跟香港人無畏無懼的獅子山精神如出一轍？

異國的對比

梅艷芳一生中有多少個男朋友，外人是無法完全知曉的。《梅艷芳》選取了梅艷芳的兩段戀情，一是與日本男歌手後藤夕輝的異地戀，二是與香港男友 Ben 的「異地」戀。兩段戀情的共同之處在於異地，一在日本，二在泰國。

很多「梅迷」對於導演美化近藤真彥大表不滿，事實上我們看到導演在描繪這段愛情時，除了梅艷芳的付出，例如她多次飛往日本探望後藤，為他做飯和打理家居，我們也不能忽略後藤也會為她唱歌，「一見鍾情」的歌名不是單向而是雙向的。這裡無意為後藤洗白，但我們還需要留意後藤的國籍。日本是一個怎樣的國家？電影有意以二人的日本之旅，呈現梅艷芳在這個「異國」的身不由己。

戀人旅行應該是更加親密的表現，但《梅艷芳》將這段情節視為梅艷芳「回歸」香港的轉捩點之一。表面上導演設計二人在日式溫泉酒店享受浪漫，實際上暗示梅艷芳在日本傳統中的左右為難。電影特意借助兩種「阻隔」，形成二人關係破裂的重要線索，一是語言，一是文化。後藤的社長突然而至，因為語言的隔閡，梅艷芳只能透過助理所說的好像「多啦A夢」躲進衣櫃，而社長和後藤的對話，梅艷芳也只能以錄音機錄下並隨後請人翻譯才知道內容，我們由此明白，兩人的距離不只是愛情便能夠克服的，兩地的語言和文化差距是更大的難題。在男性和階級主導的日本社會，梅艷芳不只是需要作為一位主婦，還應當明白和遷就丈夫。缺少了語言的直接溝通，失卻了文化的直接交流，他們又怎能繼續下去？梅艷芳其後致電後藤似乎是不必要了，暗示已很足夠，留待觀眾自行想像不是更有餘味嗎？

至於梅艷芳和 Ben 的一段情，雖說他們是為逃避黑社會人士的追蹤而至泰國，但他們不但沒有因為離開香港而享受短暫的自由，反而讓兩人更了解各自的差異，不可不說是「因禍得福」。很多觀眾都注意到梅艷芳坐著 Ben 的電單車避開追殺一幕，有如《天若有情》式的劇情實在太浪漫了，不過，如果只為「飛車」，便不用安排泰國這個場景。

雖說有本可依，劉培基或許真的有所別墅在泰國，但泰國似乎也跟梅艷芳信奉的佛教有關。故此，泰國隱含宗教的力量和展現空間的幽靜，當可作為繁忙都會香港的參照，加上泰國的冷清和危險，反襯梅艷芳對香港感情的熱熾和強烈，而且這種感覺出現在「飛車」情節之後，梅艷芳便不再為了避禍，反而有種越是身處異地，越是需要回到香港的逼切感。

電影以兩種情景呈現梅艷芳心境的轉變。其中一幕講述梅艷芳在別墅看著電視播放她的片段，這是對鏡自照的省悟。另一幕是她躺在椅子上與劉培基說要為香港做些什麼，對著一覽平靜的湖面，雖說不上是典型的空鏡頭，但隱含清明如鏡的心境也是合理的。故此，梅艷芳決定回港做善事，建小學、探望露宿者等行動，便有了明確的基礎。在劇情的轉折上是順暢的，不過對白太「白」便是另一問題了。

如果說梅艷芳的這兩段戀情都顯出她為愛情犧牲，可能只答對一半，另一半就是，梅艷芳因著到異地，與香港產生距離，才令她更明白自己是屬於香港的，也讓觀眾明白梅艷芳之所以為「我們」所喜愛，是因為她曾經迷失和掙扎，這是「我們」都有的共鳴。

雖然有些人物未有出現在電影之中，也有些人物和事情輕輕帶過，例如摯友張國榮。梅艷芳在張國榮棺材前的激動，應當有更多的鋪排，否則便有借「人」過橋之嫌。當然，觀眾都很明白人物傳記電影難拍，一部電影也無法完全呈現人物的整個人生，所以我們在欣賞《梅艷芳》之時，或多或少帶著主觀願望和期盼，或長或短想著擁抱屬於自己的片刻，以致有時太著急於表達和呈現，不過活潑繽紛的說法不是更見多元社會的可貴嗎？

原刊「虛詞」網站，二〇二一年十一月二十六日。

延伸閱讀

李展鵬：《夢伴此城：梅艷芳與香港流行文化》，香港：三聯書店香港有限公司，二〇一九年。
李展鵬、卓男主編：《最後的蔓珠莎華：梅艷芳的演藝人生（增訂版）》，香港：三聯書店香港有限公司，二〇二三年。

忠於原著以外的改編：電影《第一爐香》的司徒協

電影《第一爐香》的海報是一對玉手扣上手鐲，這樣鮮明的意象很難不聯想到張愛玲小說〈第一爐香〉的司徒協身上。所以，在許鞍華的電影改編之中，司徒協看來並不只是張愛玲筆下梁太太的其中一位知己，他擔當了更重要的角色。

司徒協在電影中變得更加現實，也呼應張愛玲小說「參差的對照」美學。為什麼這樣說呢？張迷當然了解張愛玲小說裡沒有一個好人，例如葛薇龍、喬琪喬、梁太太，司徒協也是其一，但也沒有一個完全是壞人。編劇王安憶改編司徒協一角，更能體現張愛玲貼地的愛情觀，他與葛薇龍除了愛情關係，還牽涉更多的利益糾葛。

情節安排

司徒協在電影的出場比小說早得多，而且是先聲奪人的。他問葛薇龍的三個問題也令人記憶深刻，先問：「會彈鋼琴嗎？」又問：「會打網球嗎？」再問：「妳的人，我怎麼敢搶？」小說也有首兩個提問，不過由梁太太來問，當作是姑姪之間的寒喧也無不可，但由一位素未謀面的外人搭訕，觀眾會怎樣理解他與薇龍的關係？幸好電影的節奏算是明快，即使鏡頭特寫梁太太身上的蜘蛛心口針，觀眾亦能立時將焦點集中在司徒協和梁太太身上：他們在衡量薇龍能否成為妓女。因此，相比小說中司徒協喜愛薇龍並送她手鐲表達愛意，電影中的司徒協看來早已對薇龍有所要求。

電影加入司徒協飯局的情節，是很恰當的安排，如果沒有這部分，又怎樣詮釋愛情的真實呢，這也更貼近小說中所言的「權利與義務」了。喬琪喬搞不清楚的「權利與義務」，在司徒協身上可不是這樣。而且，情節的先後順序也是合理的。首先是薇龍到喬家，與他有較親密的接觸後便匆匆離開，然後是梁太太要她去司徒協的飯局；薇龍在飯局上當翻譯。這個翻譯可不是花瓶，而是一字一句地翻譯，所以之後司徒協送她手鐲，並不只是愛的表現，其實也是回報對方付出的心意，是很應份的等價交換。如果換個次序，薇龍便先想到愛情需要物質而非剎那的觸動了。

導演不是說過「電影前段90％幾乎是跟足原著」（鄧小樺：〈保留不倫不類的香港魅力：訪許鞍華《第一爐香》〉，「虛詞」二〇二一年十二月二日）？對的，仔細地比較小說與電影對豪宅的描繪、對白的字詞、衣著的講究等，張迷不難找到兩者的相似點，但他們似乎並不滿足於此。除了以上提到加插的情節及其次序安排，還有這一幕是「大膽」的改編。

小說和電影都有一場大雨場景，就是司徒協送給薇龍手鐲之後回梁宅一幕。不同的是，小說寫薇龍下車後直奔房間獨處，心裡想：「夜深陪你們喝酒，我可沒吃豹子膽！」又以放水洗澡的聲音蓋過敲門聲，以示抗拒。電影將這些都刪去了，確實是明智的決定。如果薇龍直接說出這句話，又做出這些行動，忠於原著以外就沒有餘味了。電影鏡頭以俯視角度拍攝梁太太和司徒協在樓梯底下叫薇龍下樓喝白蘭地，很明顯是反用，誰是主誰是僕，早已一目了然。此外，樓下一片歌舞昇平的氣象，顯然是他們已將薇龍「買賣」成功的慶祝，反襯薇龍獨自背抵房門的冷清，還有沉思。許鞍華在處理這一幕是很克制的，她沒有讓薇龍用獨白方式直接說：「他今天有這一舉，顯然是已經和梁太太議妥了條件。無緣無故送她這樣一份厚禮？他不是那樣的人！」她的沉思配上陰暗的色調，還有背景音樂一直沒有停下來，聲與光的交錯不就是表現她心理掙扎的最好搭配嗎？否則就令觀眾太尷尬了：畫外音說得很清楚，還需要想像嗎？

滬港故事

香港與上海的雙城故事，很多時候是張愛玲《傳奇》的重心，〈第一爐香〉收在這本小說結集之中，所以她說：「我為上海人寫了一本香港傳奇」，說明〈第一爐香〉也是重視上海和香港的。上海與香港有不少相近之處，例如都曾被殖民、都有都市化的面貌等，李歐梵《上海摩登》也有一章談「雙城記」，指出香港是上海的「她者」，很值得參考。

究竟張愛玲如何從上海的視角觀照香港？張愛玲在〈第一爐香〉中透過敘述者表達語帶不屑的評論，帶出香港是一處不中不西、令人難以理解的殖民地：「荒誕、精巧、滑稽」。「荒誕」而誇張的視覺描寫、各式「精巧」又混雜的飾件、「滑稽」是指那些色彩和擺設帶給身處在這裡的「人」的感覺，也可說這些「人」就是「滑稽」的原因。推而廣之，位在香港的上海姑娘葛薇龍也是如此，她穿得華麗、享用精緻的物品、參與各式各樣的派對和園遊會，並被梁太太利用，也被香港這個著重物質利益的都市利用。

因此，張愛玲借葛薇龍（從上海來港後成為妓女）的墮落，以香港作為上海的參照，警示上海要以香港為反面教材，不要成為另一個受殖民主義影響、只為呈現「異國情調」的香港，變成不倫不類的城市。如果將這番道理直白地說出來，便可能太說教了，電影將這樣的警示具象化，看來值得細味。電影中加插薇龍跟著司徒協到上海談生意一節，並突出梁太太的鬼魅形象，作用就在於此。

薇龍在上海餐廳到處都看到梁太太，梁太太是鬼魅的存在。薇龍在五光十色的餐廳裡看見到梁太太，吃飯時見到，走廊上見到，候車時也見到，總之梁太太帶著看透世事的目光有若遊魂，到處皆是。特別的是，薇龍見此情況只在上海，不在香港。薇龍在上海的恐懼和不安，正正代表了她需要在熟悉的地方才能真正地醒悟。幻象與現實，令薇龍感到彷徨猶如鬼魅隨行，這種揉合世俗與幽微想像的世界，就是電影用以探討和諷刺人性的陰暗面。她在香港體會到令她墮落的人與事，但她卻無法自拔地留在香港。

香港有什麼值得留戀？張愛玲筆下的香港實在不怎麼值得一提。《第一爐香》的香港是否很「香港」？事實上這部電影被批評「不香港」，因為沒有人說粵語，我也覺得電影中加入粵語是恰當的，至少聽到熟悉的語言，感覺更有親切感，不過香港本就是多元自由開放的地方，少了一種語言也沒很大的問題，由此讓我想到喬琪喬憤怒地喊過「他是哪門子的 Uncle？」對，大家為何叫司徒協 Uncle？加個英文字會令電影更國際化，更突顯香港的華洋雜處嗎？那麼喬琪喬也可叫 George、睇睇也可叫 Didi。如果只為輩份，喬誠爵士更應稱 Uncle 了。而只有司徒協「配得上」Uncle 一名，你看 Uncle 之後沒有加上任何姓氏和名字，這就是梁太太所說的「我們大家的」Uncle 了，有朝一日他也會成為另一位妓女的「我們大家的」Uncle，也正好回應小說結尾的一句：「薇龍的一爐香，也就快燒完了。」看來梁太太的回答不無道理。

原刊「虛詞」網站，二〇二一年十二月二十二日。

延伸閱讀

李歐梵：《上海摩登：一種新都市文化在中國1930-1945》，香港：牛油大學出版社，二〇〇六年。

張愛玲：《傾城之戀》，台北：皇冠出版社，二〇一〇年。

不變與轉變：談《桃姐》的兩個場景

《桃姐》以七十多歲老人與中年少爺的主僕為主角，受到中外電影人的注目。不少人提及的同一屋簷下的疏離感、老人被遺棄在老人院生活的問題、爾虞我詐的商場生存之道等，以上種種類似煽情劇集的情節，都足以使電影落入俗套陳調之中，然而《桃姐》卻能擺脫這種「命運」，究竟有什麼值得欣賞？

我們的日常生活離不開細碎的片段，《桃姐》之所以感人，與其真實又為我們忽略的場景有關。《桃姐》有幾個經常重複的場景，其中一個是Roger與桃姐的家，另一個是小公園。導演沒有製造戲劇的哭鬧場面，也沒有誇大兩人的內心感受，靜待Roger帶桃姐回舊居收拾用品，又從老人院帶桃姐到小公園聊天，我們才發現李家與小公園雖然一直存在，但日復日月復月的關懷始終難以永久，時間正靜靜地流逝。

Roger 與桃姐的家

電影開首只見桃姐一人在一絲不苟地摺疊衣物，完全沒有說話，讓觀眾從聲音感受空間的空闊。在這個場景中，我們除了從家居擺設知道這裡是一個家外，可能更多是想到裝飾得像居室的「私房菜」餐館或食店，故此他們好像是做飯的廚師與吃飯的顧客。事實上他們不是店東與客人的關係，而是主僕；桃姐恭敬地侍奉少爺 Roger，Roger 則埋頭吃。

導演不以言語帶出 Roger 與桃姐的連繫，而是以每天所需的食物，顯示桃姐對Roger的愛護就是如此微小但卻不可忽略的。桃姐作為傭人，盡力做好本份，細心地烹調菜餚，連一隻蟹蓋都排列得非常整齊，由此可見桃姐借助食物表達對 Roger 的愛與關懷，不過她是以克盡己職的方法，不打擾少爺，只是輕聲輕力地放下飯菜，但這種關愛似乎是單向的，Roger 對桃姐的任勞任怨只視為自然不過之事，當他一句：「好耐無食牛脷啦！[1]」桃姐表面上看似違抗少主（「咁耐無食就唔好食啦！[2]」）實際上鏡頭一轉便

1 意為「很久沒吃牛舌了！」

2 意為「很久沒吃便不要吃了！」

特寫桃姐將鹵水材料下鍋的情景，口硬心軟似乎就是老人的特色吧！當言語不能溝通，身體動作就是最好的表現方式。以上呈現很明顯的主僕位置，在上者是指示、發話，在下者則是受指示、受話。

從以上所見桃姐對於「家」是全時專注的，相反 Roger 如過客，視家為酒店，讓酒店員工提供各種優質服務，如洗燙、飲食、清潔等。直至桃姐中風入住老人院，Roger 陪伴桃姐重回家收拾，通過舊事舊物，Roger 才能了解桃姐對於李家的重要。其中一個細節是照片。照片珍藏著兩人的回憶，可是如果桃姐沒有中風，離家到老人院，Roger 不會與桃姐一一細閱她的珍貴寶物，如縫衣機、Roger 兒時照片等。有說照片是真實的複製，讓人忘卻現實，然而照片在此恰好作為重返過去的工具，正因為桃姐已不能為現實中的「家」服務，不如在幻象之中重溫好夢，至此「家」才是「家」，充滿人味與情味，而不只是飯菜味與洗燙味。Roger 亦因此明白失去了桃姐的家，不可能只是不懂使用洗衣機，或是貓兒無人照料的麻煩，而是兩人心領神會的互動不再，人生至此需要重新適應了。

小公園

至於 Roger 初次探望桃姐，與桃姐閒逛的小公園，導演拍了不只兩次。其中一次是當桃姐在小公園看到新人與家人的歡樂情景，便對 Roger 說：「你個人眼角高，睇唔起人[3]！」愛情與婚姻在桃姐與 Roger 眼中，都是難以即時實現的，這類話題亦從未在 Roger 與桃姐之間討論，但是在這個相對開放、自由的公共空間，兩人不怕尷尬，互開玩笑，打破主僕二人的固定位置。若要傾談祕密與隱私，他們應該躲起來，不被發現，相反越親密的人，越能敞開心窗的人，越不怕公開談話。導演以小公園暗示兩人已超越了受限的主僕關係，即使小公園穿插了不認識、陌生的人，他們都能談笑自若、不會只是單向地發表個人意見，而是真心地交流。

他們最後一次到小公園時，桃姐第二次中風，不良於行需要坐輪椅，更不能用說話表達感情。兩人已不能閒話家常，桃姐只能艱難地說出身體的基本反應：「熱、熱」，

---

3 意為「你的要求高，看不起人！」

Roger除了幽幽地看著這個老人，盡力滿足桃姐的需要，便不能多做什麼，桃姐反而在小公園裡得到Roger慰藉與愛護。小公園見證著兩人由開懷暢談、閒話家常至回到人生基本需要。場景不變，但已物是人非，他們永遠不能重回過去，就如人生必須向前不能回頭。

導演只是以尋常的兩個場景，以細膩的手法，結合日常瑣事，展現Roger與桃姐情感沉重而實在的變化。桃姐中風入住老人院後，Roger與桃姐居住的家，以及兩人談天的小公園，都變成了閒話家常，沒有位置高下之別的空間，兩人感情反而更加深切，然而生命亦在這不變的場景中，悄然消逝。《桃姐》具備沉實的表現力，不誇張的矛盾與衝突，不作高深的說教說理，當是導演對人生的解讀：一切是那樣自然與固執，絕不因人而異。

原刊《百家文學雜誌》第30期（二〇一四年二月十五日），頁41-42。

延伸閱讀

李恩霖：《桃姐與我》，香港：紅投資有限公司（青森文化），二〇一二年。

劉德華：《我的30個工作天：《桃姐》拍攝日記》，香港：明窗出版社，二〇〇二年。

陳果《那夜凌晨，我坐上了旺角開往大埔的紅VAN》在香港的接受情況

一、引言

《那夜凌晨，我坐上了旺角開往大埔的紅VAN》（以下簡稱《紅VAN》）小說由「高登討論區」會員Mr. Pizza在二〇一二年二月十四日凌晨開始上載高登討論區，故事講述十七位不同身分的人物在旺角坐上紅VAN到大埔，期間穿越時空到達另一個「香港」，他們經歷了種種恐怖的事件，例如面具人的襲擊、有人感染病毒死亡等，最後他們決定離開大埔，尋找出路。Mr. Pizza上載《紅VAN》小說第一章節至第二章節之間的九小時，已有超過一百個留言支持，一天之內已有超過三百五十個留言。雖然這些留言大多是「留名」、「LM」或表情符號等簡短回覆，但這既表現出網路文

化的特色，亦顯示會員對這篇小說的喜愛與期待。《紅VAN》小說在同年七月二十五日完結，同時，出版社於書展推出《紅VAN》小說上半部，共賣出萬多本，售情非常理想。雖然《紅VAN》小說已有網上版本，但仍吸引不少人入場購買實體書，可見這部小說極受歡迎。二〇一三年，《紅VAN》小說上半部由香港導演陳果改編為電影，《紅VAN》電影未在香港上映前，已於二〇一四年二月入圍第64屆德國柏林國際電影節「電影大觀」（Panorama）單元，獲得海外人士的注意，香港則於「香港國際電影節」上作亞洲首映，並於二〇一四年四月十日公映。陳果之前表明《紅VAN》或不會有續集，一切由票房決定。根據「香港電影協會」資料，《紅VAN》票房共二千一百三十萬，是二〇一四年香港十大賣座港產電影的第五位，成績非凡。雖然距離陳果所言會開拍續集的票房數字還有三百多萬的距離，但陳果又指或會開拍續集，只是未必依照原著而成。

《紅VAN》小說最初發表於「高登討論區」，這個討論區在香港的影響力不容小覷，根據現時的「高登討論區」網頁簡介：「香港高登不只有討論區，主頁即達的新聞部提供大量科技玩樂界最新資訊，以及新品介紹同評測，包括個人電腦、流動裝置（智能電話、平板電腦）、數碼相機、遊戲、玩具、影音等等」。[1]「高登討論區」內容豐富，既有與「高登」（香港深水埗高登電腦中心的簡稱）之名有關的「硬件台」和「軟件台」，也有與日常生活相關的「時事台」和「財經台」，更包括輕鬆悠閒的「遊戲台」和「體育台」，而「講故台」則是讓會員發揮文字創意的區域，《紅VAN》就是發表在「講故台」的小說。

「『高登討論區』由任職銀行電腦部門的王國良聯同幾名同事，於一九九九年乘科網熱潮創立，投資額為二十萬元，名稱參考深水埗高登電腦商場」。[2]不過「在未進入收成期時，部分股東已不能承受長期虧損及法律風險，終在二〇〇二年進行大改革，推付費會員制，但網民不買帳，〇三年交由 Fevaworks 管理」。[3]二〇〇八年，「林祖舜

1 香港「高登討論區」：http://www.hkgolden.com/articles/editor.aspx

2 〈高登討論區踩入紙媒 9.29 創刊〉，《香港蘋果日報》，二〇一五年九月十六日：http://hk.apple.nextmedia.com/realtime/news/20150916/54212997

3 〈高登巴打首領林祖舜：我非宅男〉，《香港經濟日報．生活副刊》，二〇一二年三月十二日：http://lifestyle.etnet.com.hk/column/index.php/management/executive/9252

與朋友合資，以七位數字入主正值虧損的高登」。[4]「高登討論區」經過長達八年的重整，最終定下現時的規模及運作方式，並不斷進行更新，例如二〇〇五年創辦《巴絲打》雜誌。在不少傳統報章雜誌停刊的時候，雖然《巴絲打》受到網友批評，但雜誌仍然繼續出版，而且沒有脫期，可見「高登討論區」對於呈現「香港文化」的堅持與自信。[5]《紅VAN》作為「高登討論區」的「一分子」，亦是「香港文化」的代表作之一。

本文以陳果改編的《紅VAN》為討論重點，從網路影評加以分析，探討《紅VAN》在香港的接受情況，從中發現《紅VAN》之所以受到多方注意，與導演陳果以及電影中呈現的「本土」特色息息相關。因此本文嘗試集中在這兩項線索，分析《紅VAN》如何為香港觀眾接受。以下分別從兩部分討論：一是《紅VAN》導演陳果，二是《紅VAN》的本土香港元素，而兩者又互有關連。

本文選擇網路影評作為討論對象，原因有三：一是貼合「高登討論區」的網路特

4 〈高登巴打首領林祖舜：我非宅男〉。

5 《巴絲打》在網頁上有這句話：「以高登巴絲打視點論盡日常生活潮流，回歸香港本地文化其中一個重要原點。《巴絲打》話你知高登文化是咁的。」《巴絲打》Goodest Magazine：http://www.goodest.com.hk/

點，《紅VAN》既是改編自「高登討論區」的作品，選取網路影評可以配合網路小說的發表園地。二是「即時性」，本文選取的網路影評都是發表於電影上映期間的文章，有助呈現觀眾對《紅VAN》的即時反應。三是強調「開放性」，《紅VAN》的作者Mr. Pizza是「高登討論區」的一員，他亦在討論區說過，如果反應良好才會繼續寫《紅VAN》，吸引了不少會員留言支持。任何人都可以在網路上評論，任何人都可註冊為「高登討論區」的會員並發表文章，所以選取網路影評亦配合網路小說的自由開放特色。

本文的討論範圍是以「香港獨立媒體」刊登有關《紅VAN》的影評為主，主要原因是這個網站的「獨立宣言」之一強調：「提供一個開放的『公眾空間』，讓市民大眾可以參與講述、評論各式屬於他們的香港故事」，[6]這個網站所刊載的影評能包容各種立場及討論，因此能較廣闊地了解大眾對《紅VAN》的評價。

[6] 「香港獨立媒體」：http://www.inmediahk.net/about

二、導演陳果

譚以諾是第一位並列比較陳果從前的作品與《紅VAN》的評論者，作者先將陳果二〇一三年的作品《迷離夜・驚蟄》與《紅VAN》比較：

> 這之前，陳果拍攝了短片《迷離夜・驚蟄》，邵音音所飾的神婆替盧海鵬所飾的梁震嬰打小人一段，在網絡上瘋傳；這次，陳果把網絡小說改編，自然得到不少網民和「高登仔」支持。[7]

譚以諾首先指出陳果前作《迷離夜・驚蟄》明顯具備香港特色的政治關懷，以及擅於利用網路的優勢，促使《紅VAN》獲得關注。但這樣會否就只局限於網路世界的支持？如果不太深入了解網路文化，尤其是非「高登討論區」的網友，可能對《紅

---

[7] 譚以諾：〈一念破敗，一念創造：紅VAN再起飛〉，「香港獨立媒體」，二〇一四年四月一日：http://www.inmediahk.net/node/1021961

VAN》的「特殊」意思，例如用詞，不太明白而只將之視為一般的電影。

陳果電影一直互有關連，例如「九七三部曲」、「妓女三部曲」，不論是角色人物，還是電影主題如青少年問題、外傭問題等，以上提及《迷離夜．驚蟄》關心政治議題，在「九七三部曲」中早已呈現。譚以諾以更細微的角度，留意「紅VAN」意象在《香港製造》與《紅VAN》的作用：

> 紅VAN，在陳果的作品偶有出現，但最有意識運用紅VAN說故事的，還是要數《香港製造》（1997）。在《香港製造》的中後段，李璨琛飾演的古惑仔中秋要找肥陳報仇，有天竟然於街市中偶然遇上，便跟蹤他上了紅VAN。在紅VAN中，中秋與肥陳爭執，中秋手上的鎗不慎射殺了車上的司機和乘客，車上一片混亂。最後中秋把肥陳殺了，而自己也中鎗受傷。那紅VAN（香港前途的隱喻）一片混亂，毀他也自毀；而《香港製造》整部戲的色調也是無望而沒有出路的。[8]

[8] 譚以諾：〈一念破敗，一念創造：紅VAN再起飛〉。

陳果的電影一直隱含政治立場，譚以諾由兩部電影的相同意象，聯想到陳果關心的是香港前途問題。在其他人眼中，紅VAN可能只是一般的交通工具，但譚以諾認為陳果將之賦予特殊意義，指出《香港製造》中紅VAN上的混亂與死亡，隱喻了香港前路沒有希望，不過文中未及討論《紅VAN》的紅VAN。《紅VAN》以一敵眾多裝甲車而能成功衝出重圍，暗示香港前景比之前較有希望，香港人只要團結一致就能突破困難，跨過困境。從《香港製造》到《紅VAN》，呈現陳果始終堅持不斷尋求香港的出路，至於《紅VAN》流露的一絲希望，陳果承認是他對現實改觀了。在訪問中提到：「有少少唏噓，那時（香港人）很迷惘，想法很淺白，不知將來會怎樣，我把那種情緒放入戲中。今時今日，不再只係迷惘，是不能不主動關注，香港市民近年對社會的關心多了。」[9]

相比於譚以諾比較兩部電影，發現陳果對香港未來態度的轉變，顏啟峰雖然同樣留意到紅VAN的意象，也同樣關注電影的政治寓意，但他得出的結論是「相對之下，九七三部曲的效果就出色得多」，理據是：

---

[9] 方晴：〈【專訪】陳果、李璨琛　香港再製造〉，《香港經濟日報》，二〇一四年三月二十五日，C03。

縱觀全片，陳果並沒有充份利用角色背景、性格建立及結構轉折來傳遞政治訊息，大部份是訴諸對白，令這種政治意喻太著跡、流於表面，除了那些soundbite、那些對白化的政治戲謔，其實沒有給觀眾留下反思的命題，使試圖透過此電影揣摩港人情緒及尋找出路的觀眾空手而回。[10]

顏啟峰在柏林觀賞《紅VAN》，比在香港觀看的觀眾，從地域上多了一層身分認同的距離感，而且他在意的是電影語言的運用。他認同電影具備政治訊息，但表現得過於明顯是其敗筆，「觀眾只能停留在娛樂的層面，不能留下反思的問題」。或許可以這樣理解，《紅VAN》是一部商業電影，觀看對象設定為一般觀眾，陳果亦不避諱地跟觀眾說要求票房數字。而顏啟峰用以對比的是陳果另一部比較接近藝術電影的《去年煙花特別多》，他要求《紅VAN》在電影技巧上如前者般豐富，似乎未必十分公平。至

---

10 顏啟峰：〈那夜在柏林思那夜凌晨——紅Van的尷尬〉，「香港獨立媒體」，二〇一四年四月十四日：http://www.inmediahk.net/2014041403

於《紅VAN》是否沒有給觀眾留下反思的問題，也許是導演指出了相對清晰的思考路向，表達方式例如對白比較直接，想像空間因此是減少了，觀眾可以明確地跟隨電影的對白或明示，了解導演對「香港」未來的想法。

除了顏啟峰批評《紅VAN》只屬一般水平，〈那夜凌晨，我坐上了旺角開往大埔的紅van（三級版）：近期最反感的電影〉同樣批評《紅VAN》的政治元素太外露、對白太多太直接等，更指「我相信受資金所限，本片的電腦特技也假得誇張，重頭戲視覺效果之失實可與導演前作《迷離夜之驚蟄》堪比，而全片場景之『慳水慳力』也令電影製作粗糙之一面。」[11]文中所言的「重頭戲」相信是指紅VAN的乘客因為不同原因，例如群眾壓力、以暴易暴等，插死強姦LV女的「潮童」飛機昰一幕，但觀眾難以理解為何殺人而沒有血，令人質疑陳果的功力。

若下集能成功把原作及本作導回正軌，相信絕對是神級佳作。到底，當年拍《香

11 晞。觀影記事：〈那夜凌晨，我坐上了旺角開往大埔的紅van（三級版）：近期最反感的電影〉，「香港獨立媒體」，http://www.inmediahk.net/1022479

港製造》時，火氣十足的陳果去了哪裡？何以竟會拍出這麼一部如斯劣作？[12]

作者沒有多說陳果如何火氣十足，但將陳果用五十萬資金去拍攝的第一部電影《香港製造》，來與《紅VAN》作比較，作者的評價標準似乎是內容而非電腦特效等技巧層面，不過陳果曾「感嘆現時香港人對政治的關懷與往年相距甚遠：『當年拍《香港製造》時只得影評人關注，一般大眾對政治冷感，聽說我的電影關注政治和社會議題，便感沒趣。但現在拍《迷離夜》（按：《迷離夜》中的〈驚蟄〉）與《紅Van》卻引起很大關注，這十幾年來香港的變化實在是意想不到；而我在這十幾年來一直關懷社會，這點卻是沒變的。』」[13]

由於香港環境已有重大改變，尤其是香港人對政治的關注比以前要多，所以同樣是關心香港社會的作品，《香港製造》因較少人注意，觀看對象不是一般大眾，因此可能

---

12 晞。觀影記事：〈那夜凌晨，我坐上了旺角開往大埔的紅van（三級版）：近期最反感的電影〉。

13 陳忏惠：〈依然陳果——專訪陳果〉，「香港獨立媒體」，二〇一四年三月二十五日：http://www.inmediahk.net/node/1021801

有影評人提及這部電影的內容，已能引起大眾的關注，而現在大眾對政治已較敏感，也較懂得向政府表達訴求，爭取應有的權益，所以或需要更大的「場景」或「火氣」，才能得到迴響。以同一套準則來看待《紅VAN》，便會忽略時代背景的因素。

三、本土香港

以上所列的三篇影評都不約而同都在考察陳果前作與《紅VAN》與關係，也十分留心陳果電影一貫重視的本土特色。同樣，《紅VAN》作者 Mr. Pizza 關切的就是本土性：「香港似乎缺少了這種非常實在，非常本土的類型故事」、[14]「作為來自香港的故事創作者，我們必須及有義務把注意力重新放置在『香港』之上，嘗試以整個『城市』帶動故事」、「即使這是個帶有科幻色彩的懸疑故事，我還是堅持把故事中的『香港』

[14] Pizza：〈自序〉，《那夜凌晨，我坐上了旺角開往大埔的紅van》（香港：Sun Effort Ltd., 2012-2013），原文無頁碼。

做得最真實」。[15]究竟作者所說的本土特色在電影改編後，會有差別嗎？

林兆彬在〈《紅Van》：尋找香港人的身分認同〉指「一如陳果以往的作品，《紅van》是一齣非常有本土特色的電影」，[16]它的「本土特色」是什麼？林兆彬特別提到電影中的核心空間「大埔」：

> 當香港已經變成了另一個「香港」，香港人對作為香港人的身份認同便會受到了衝擊。電影不禁要問：究竟甚麼是「大埔」？甚麼是「香港」？除了因為電影要到外國參展這個目的之外，電影刻意在鐵路博物館、大埔舊墟天后宮、大埔墟市、中文大學等地拍攝，角色在解開懸團的同時，尋找失去了的「大埔」，就好比香港人竭力尋找失去了的「香港」一樣。[17]

---

15 Pizza：〈自序〉。

16 林兆彬：〈《紅Van》：尋找香港人的身份認同〉，「香港獨立媒體」，二〇一四年四月十三日：http://www.inmediahk.net/1022244

17 林兆彬：〈《紅Van》：尋找香港人的身份認同〉。

林兆彬將香港視為香港人的身分認同象徵，將尋找香港的地理位置視為尋找香港人的身分認同，解說是合理的，但比較直接。至於為什麼選擇大埔而不是其他香港地區？除了是小說名稱，大埔為何能象徵香港，甚或代表香港？引文提到電影中幾個明顯的香港地方為何能代表大埔？但大埔的其他場景也可以代表大埔？例如海濱公園、回歸塔，可林兆彬沒有進一步解釋。此外，文中指出「戲中出現了不少本土文化，例如麻雀館、紅Van、茶餐廳、粵曲戲棚、高登、MK仔、LV港女、港式粗口等，這些都是一直給予香港人親切感的生活文化，幫助建構出香港人身分的認同感。」[18]如果要突顯「本土文化」，茶餐廳應該可以作為香港代表，更何況茶餐廳早已是香港的代表符號，《紅VAN》中眾人的討論場景就設置在茶餐廳。黃子平在〈陳冠中《香港三部曲》導讀〉中討論陳冠中〈金都茶餐廳〉時指：「這茶餐廳不中不西，亦中亦西，多年的『半唐番』修成了正果，雜種渾成了正宗，發揚又光大，生產再生產，成為本土飲食話語

18　林兆彬：〈《紅Van》：尋找香港人的身份認同〉。

的空間代表。」[19]「金都茶餐廳」的食物包括日式拉麵、燒味、泰式豬頸肉等，《紅VAN》茶餐廳的食物種類可能不及「金都茶餐廳」的豐富，但亦是混雜文化的又一例子，例如唱出David Bowie《Space Oddity》的「毒男」歐陽偉、喜歡「認叻」[20]及想當年的發叔、自私自利的「神婆」英姐、從事電腦行業的青年阿信等。由此可見，茶餐廳既有市井流氓，也有知識分子，這個空間聚集了不同身分的人士，更能突出香港多元及混雜文化的特質。

另一位評論者麥馬高亦認同《紅VAN》所呈現的香港文化：「此戲亦貫徹了導演一直以來含豐富時代背景及社會意識形態，其中有一幕最為反映現況。在黃又南得悉自己可能已經到了二〇一八年的時空後，林雪飾演的小巴司機：『二〇一八年？二〇一八年和現在有何不同？』飾演收數佬[21]係任達華衝口而出：『二〇一七年有普選呀嘛，和

19 黃子平：〈陳冠中《香港三部曲》導讀〉，《城市文藝》總第16期（二〇〇七年五月十五日），頁66。
20 意為「自炫有能耐」。
21 意為「收高利貸的人」。

之前的特首是內定的不同。二〇一八年？睇下邊個係特首就知。』」[22]近年，香港一直對普選有不同聲音及立場，任達華所謂的「內定」即是「假普選」，而「真普選」即是一人一票、沒有限制候選人之下的特首選舉。陳果在此加入真假普選的討論，這亦是不少觀眾批評的一幕。觀眾認為這是過於直白的對話，缺乏思考空間，例如本文第二節提及的顏啟峰，但麥馬高似乎持相反意見，至少他在文中引用了不少電影對白，旨在說明《紅VAN》的本土特色，而且評價都是正面的。麥馬高肯定《紅VAN》的原因是其內容而非表達形式，而且他自言沒看完整套原著小說，看來不是「高登迷」，又指「在不用完全忠於原著下，陳果才可有更多發揮的空間」，這是否令他更能客觀地，純粹以欣賞電影的方式，而非以先入為主的眼光來「審視」《紅VAN》？

不過，電影這種媒介有其特質，如果不熟悉這種表現方式，為何要將小說改編為電影？何況，上文已有評論者提及，陳果在前作中已突出地利用電影語言表達個人意見，所以陳果是能做而不做或不願做，而不是不懂做。難道如麥馬高說：「這是香港的

[22] 麥馬高：〈那夜凌晨，我坐上了旺角開往大埔的紅van：「集體的共同迷惘」〉，「香港獨立媒體」，二〇一四年三月三十日：http://www.inmediahk.net/redvantotaipo

電影，需要香港人的支持」，[23]所以電影形式就不需要考慮了？雖然陳果亦同意香港人對政治環境的關心已比從前的多，但對他來說，香港人仍是難以明白複雜的香港政治狀況，只能以清晰的對話交代。這便牽涉到觀看對象的質素問題，香港人講求方便及快捷，不大願意花時間去思考，又或是香港面臨的問題太多，例如「雙非」、水貨、居住房間、環保等，難以電影的短短兩個多小時來思考，所以陳果用較為清晰的表述方式，以免觀眾不理解或誤解內容。

最後提及的網路影評是關於《紅VAN》的結局。不少評論者批評《紅VAN》「爛尾」，即使看過小說的，也有指陳果應該完整交代結局，尤其陳果在電影上映之時已表明未必會拍攝續集，但 Thomas Tsui 說：「其實結局又怎是爛尾？『紅雨』中，各人懶理前路如何，紅VAN照出回九龍，始終香港是我家，無論如何我們也要認命地『同舟共濟』收拾殘局，故此真相為何，『有何重要？』。所以這片很港產，因為只有香港人才合襯出如此結局。」[24] Thomas Tsui 將結局連結至香港未來，同時帶出香港人的「獅

23 麥馬高：〈那夜凌晨，我坐上了旺角開往大埔的紅van：「集體的共同迷惘」〉。

24 Thomas Tsui：《那夜凌晨，我坐上了旺角開往大埔的紅VAN》——港版方舟記〉，「香港獨立媒體」，

子山精神」，明顯地將電影情節與角色套入香港情景。「同舟共濟」是近年經常被引用的羅文主唱的〈獅子山下〉歌詞，指香港人經歷不同的困難與艱辛後，終於有美好的將來。這首歌將不同年代、身分、階層的香港人都集合起來，就如《紅VAN》中阿池代表的八九十後，小巴司機代表的基層等，大家需要合力打倒面具人才能離開受疾病感染的大埔，到達安全的地方。Thomas Tsui 強調「很港產」、「只有香港人才合襯出如此結局」是正面的肯定，但正如林兆彬所言，這部電影是否只能在「香港」才能引起共鳴？這種「獅子山精神」在政治環境轉變之時，還能適用嗎？離開香港這一語境，那些「很港產」的「符號」已變得平凡及普通，就如一個普通用詞，只具備最基本的字面意思。或許更清晰地說，觀眾更關心的是，眾人能成功「收拾殘局」嗎？陳果是指出了這個方向，但電影至此便結束了。電影至少應該有點暗示這些坐在紅VAN上的人的未來，否則只能各有各猜想，想像空間便太大了。

二〇一四年四月十日：http://www.inmediahk.net/van-0

四、總結

台灣文化人張鐵志在〈我們的香港已經不存在〉指：「除了影片文本之外，陳果之所以成為香港『本土』導演的代表，在於雖然過去幾年他遊走於大陸，但並沒有像其他導演大量拍合拍片。因此在香港現下的文化與政治氣氛中，具有『本土』或『港味』色彩的電影，無論是指題材或者是背後資金，都會受到影迷和媒體的特別關注，如去年的電影《低俗喜劇》和更小成本的《狂舞派》。」[25]張鐵志的評價道出了《紅VAN》受關注與導演陳果及其所拍電影所象徵的「本土」，是不能截然劃分地討論的。陳果作品包含「港味」，例如《細路祥》探討外傭問題，《紅VAN》討論特首普選等，而具有本土意識的電影雖然不能都由陳果來拍，但不能忽略的是陳果作為「本土」香港的代表之一。雖然有人認為台灣人不在香港，不懂得香港的特殊情況，難以深入理解香港，但可以換個角度來看，就連非香港的台灣人也視陳果為香港導演代表，他的本土特色是不

[25] 張鐵志：〈我們的香港已經不存在〉，「香港獨立媒體」，二〇一四年四月九日：http://www.inmediahk.net/node/1022145

是更明顯？

為配合網路小說的特色，本文集中探討「香港獨立媒體」網路的影評，嘗試呈現《紅VAN》在香港的接受情況。《紅VAN》備受社會大眾的關注，當然離不開改編「高登討論區」的作品為電影，也因為電影議題貼近現實，較容易引起公眾的話題，但綜觀本文討論的網路影評，發現「香港獨立媒體」的影評多從導演與《紅VAN》的本土情懷這兩種觀察角度來討論，而兩者又是互有關連的。通過上文的分析，可見「香港獨立媒體」的影評比較認同《紅VAN》所呈現的本土文化，但對陳果的拍攝技巧則有較多批評，尤其認為陳果的前作「香港三部曲」比《紅VAN》更見導演的功力。不過這種比較似乎忽略了時代背景的因素。回歸前後的政治環境已經不同，應該需要更深入的分析，才能提出較公允的評價。還有其他發表在不同園地的《紅VAN》的影評，有待日後加入這方面的討論，或能更全面地探究《紅VAN》在香港的接受情況。

原刊譚國根、梁慕靈、黃自鴻編：《數碼時代的中國人文學科研究》，台北：秀威資訊股份有限公司，二〇一八年，頁231-241。

參考書目

書籍

Pizza：《那夜凌晨，我坐上了旺角開往大埔的紅van》，香港：Sun Effort Ltd，2012-2013。

報刊

方晴：〈【專訪】陳果、李璨琛　香港再製造〉，《香港經濟日報》，二〇一四年三月二十五日，C03。

黃子平：〈陳冠中《香港三部曲》導讀〉，《城市文藝》總第16期（二〇〇七年五月十五日），頁63-67。

網站

〈高登巴打首領林祖舜：我非宅男〉，《香港經濟日報．生活副刊》，二〇一二年三月十二日：http://lifestyle.etnet.com.hk/column/index.php/management/executive/9252

《巴絲打》在網頁上有這句話：「以高登巴絲打視點論盡日常生活潮流，回歸香港本地文化其中一個重要原點。《巴絲打》話你知高登文化是咁的。」《巴絲打》Goodest Magazine：http://www.goodest.com.hk/

「香港獨立媒體」：http://www.inmediahk.net/about

Thomas Tsui：《那夜凌晨，我坐上了旺角開往大埔的紅VAN》──港版方舟記〉，「香港獨立媒體」，二〇一四年四月十日：http://www.inmediahk.net/van-0

林兆彬：〈《紅Van》：尋找香港人的身分認同〉，「香港獨立媒體」，二〇一四年四月十三日：http://www.inmediahk.net/1022244

香港「高登討論區」：http://www.hkgolden.com/articles/editor.aspx

晞。觀影記事：〈那夜凌晨，我坐上了旺角開往大埔的紅van（三級版）：近期最反感的電影〉，「香港獨立媒體」，http://www.inmediahk.net/1022479

陳忏惠：〈依然陳果──專訪陳果〉，「香港獨立媒體」，二〇一四年三月二十五日：http://www.inmediahk.net/node/1021801

顏啟峰：〈那夜在柏林思那夜凌晨──紅Van的尷尬〉，「香港獨立媒體」，二〇一四年四月十四日：http://www.inmediahk.net/2014041403

譚以諾：〈一念破敗，一念創造：紅VAN再起飛〉，「香港獨立媒體」，二〇一四年四月一日：http://www.inmediahk.net/node/1021961

麥馬高：〈那夜凌晨，我坐上了旺角開往大埔的紅van：「集體的共同迷惘」〉，「香港獨立媒體」，二〇一四年三月三十日：http://www.inmediahk.net/redvantotaipo

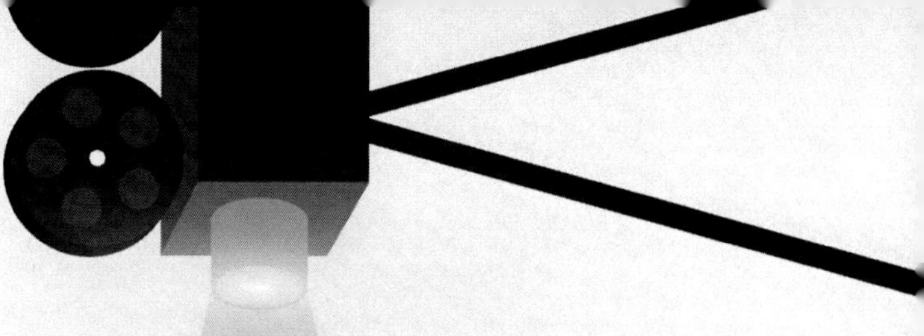

異地的紛繁圖景

幾米繪本《星空》及其電影改編：讓星空閃爍更多耀眼的星光

電影《星空》改編幾米的同名作品，繪本沒有太多文字但有顏色奪目又豐富的圖畫。導演源用繪本非常色彩分明的畫面，藍色的大象、紅色的小火車、白色的襯衫、咖啡色的房間、深淺綠色的樹林、閃爍的星空，還有藍女紅男，藍男紅女，每樣事物都經過巧手安排配襯，自然又鮮明。觀眾走進童話國，連呼吸都變得富有豔麗的光彩了。觀看這部電影，我們不應該多問為什麼：為什麼初中生會懂得製作那麼別致又栩栩如生的動物？為什麼走了整天的山路又淋了雨的小傑還有力氣背著小美從小艇跑回小屋？為什麼兩人一起坐順風車吃西瓜而沒有意外？……我們也不要強加太多邏輯思辯：小美小傑突然變成恐龍猛獸、特技效果的雪花只飄落在小美的臉上車票上、動物無聲無色地跟隨小美在大街上走動而沒有路人看見……迷迷糊糊不明不白的、多麼夢幻的場景，不就是我們最珍惜又不能回去的小時候嗎？那些宛如生命中劃過而不留痕的一顆又一顆的星星，流逝過後又重新相遇，正是生命中美好的見證。

不問因由，我們可以欣賞甚至細細回味的實在太多太多了：我們會為了與同班同學一起上學一起走過一段短短的路程而高興；我們，尤其是班長會義正詞嚴地指責搗蛋的同學，因為我們都自以為長大了要具備責任感；我們會在下課後到小吃店吃東西然後分享八卦；我們會為了班際比賽而盡心盡力最後換來好笑又好氣的結果。

《星空》著墨在小美與小傑出發尋找小美爺爺山上小屋的探險情節，就如成長小說一樣，主角經歷重重難關，最後總會一一衝破並有所啟悟。兩人迷路又遇上大雨，幸好最終能找到避難所；他們躺在教堂互訴悲苦，哭是哭了，但總會找到倚靠，總會找到庇蔭。風雨過後美得如仙境的日出與雲海，那是多麼幸運和幸福的啊！故此，小傑的不堪童年、嗜賭父親，小美的冷漠父母，種種家庭暴力、離婚等戲劇元素，觀眾都為此不忍而心裡一沉。那麼輕盈跳躍年輕的心靈，加上一丁點的悲傷都應該是難以忍受的，導演何不童話到底，就讓小美不生病以延續美好甜蜜的時光、小美的父母和好如最初始的拼圖時候。縱然現今的孩子都是早熟的，單親與缺乏溫暖的家庭也不少，但電影可以為眾人築構一個美麗而虛構的夢，讓中學生、年輕人、甚至中年人、老年人帶著溫情的星光與幻影，在壓抑而瘋狂的現實生活中，獲得喘息而平靜的空間，至少在九十分鐘暗黑的大銀幕與微冷的空氣中吧。

最後不得不提的是《星空》的點題意象：失落了一片的梵谷星空拼圖。導演有意以畫作引起觀眾對藝術的興趣（小傑唸著拼圖的由來，連騙人都是那般可愛啊），記認每個人總有悲傷的時候，可是梵谷的一生令人感傷，電影又怎會讓人沉淪其中？電影以浪漫的巴黎場景作結，痛苦的陰霾一時又消失了。長大後的小美（桂綸鎂飾）踏在充滿聖誕氣氛的巴黎小巷，偶見掛滿缺了一塊拼圖的小商店，微笑著的她會重遇小傑？多麼童話式的結束，本該是屬於十多歲的小學生、初中生，讓他們來印證星空的耀眼閃爍，是非常理所當然毋容解釋的，至於那偶然懼怕外面的黑夜而不得不闖進來的我們，就讓星光牽引並帶著格外愉快與輕鬆的心情，伴隨著震盪人心的旋律各自想像去吧。

原刊《人間福報》，二〇一一年十二月二十二日，第15版。

延伸閱讀

幾米：《星空》，台北：大塊文化出版股份有限公司，二〇〇九年。
幾米：《繪本的夢想與實際：幾米分享創作心得》，台北：大塊文化出版股份有限公司，二〇二一年。

《願未央》的文字與照片

第45屆香港國際電影節上映兩場「他們在島嶼寫作」第三輯的《願未央》，這部紀錄片的主角是朱西甯和劉慕沙夫婦，並由他們的女兒朱天文執導。這個文學家庭的組合，給予觀眾有關生命、文學和歷史的想像和思考。導演選取了很恰當的表現形式：文字與照片，由三位女兒讀出父母書信、日記等文字，並以老照片對比今昔，懷人想事念物。這些珍貴的第一手資料，將朱西甯和劉慕沙的故事，由私人領域推展至公眾領域，從窺探私隱到探討人生意義。

「代言人」的重要

我們都理解，書信和日記都是私人的東西，兩者都寫上日期，目的就在於指明是哪一天的記錄，按著時日排列整理起來，有助理解這些人的感受、經歷和信念。

書信和日記之分別在於前者有特定的收信人，後者的閱讀對象則是自己。以下從《願未央》的一個片段來說明這一點。朱天文唸出朱西甯寫給劉慕沙的書信中，朱西甯稱呼劉為「艾蘼」，即是劉的外文名字 Emi 的中文譯名，朱天文解說是「艾草」、「荼蘼」的音譯。這個「唸你的名字」的細節的有趣之處，一是發現朱西甯活潑調皮的一面，這是不能從其小說之中獲得的印象，二是名字雖然明確指出收信人，但原為旁觀者的觀眾透過代入朱天文的唸信人身分，兩人的對話好像變成了公開的演說。

《願未央》也加入了一些朱西甯日記的片段。日記這種形式，主要在記錄記錄者的個人想法、瑣碎雜事等，是很主觀又很私密的。日記由記錄者敘述，令人有種很真實的感覺，由此窺視記錄者的心路歷程。這裡先賣一下關子，日記的細緻內容，就讓《願未央》在香港正式上映時，給觀眾慢慢感受吧。而且，紀錄片已經列明朱西甯與劉慕沙的書信和朱西甯日記將會出版，到時我們便不用隔著螢幕看著朱天文珍而重之地從文件夾中拿出書信，而能真切地感受充滿溫度的朱氏夫婦的筆跡了。

導演利用書信和日記的方式，將原本是強調與外界隔絕的文字，原本只屬於兩人的文學與情感的交流，原本只屬於個人思想的記錄，有意地透過不可或缺的「代言人」的呼喚和三位女兒的親密身分，連繫了朱氏夫婦與觀眾的關係，收窄兩者之間的距離。這樣，書信和日記便從指定的閱讀對象，轉為集體的觀眾，仿如邀請觀眾進入朱氏夫婦的世界，一同見證兩人的認識交往、文學討論、孩兒成長、年老等日常生活，而這些生活議題也與一般人有關。故此，加強了觀眾的投入感和共鳴感，並跳出了書信和日記都是隱密而個人的限制。

另外值得一提的是，《願未央》很專注在朱西甯的創作，分別有黑底白字、獨立標示的〈鐵漿〉和《八二三注》字幕，令觀眾加倍留意這位小說家的文學成就。但很可惜的是，這部紀錄片只輕輕帶過劉慕沙的翻譯貢獻。劉慕沙從事日本文學翻譯多年，翻譯的大多數是日本著名作家的作品，如大江健三郎《換取的孩子》、川端康成《女身》等，可是觀眾只能在片末看到兩人的著述列表時，才知道劉慕沙的翻譯作品與朱西甯的創作其實可茲比較。熟悉朱家的粉絲當然不會不理解劉慕沙對朱家的付出和犧牲，在照顧一家大小和動物、招呼文藝好友之餘，還能夠專事日本文學翻譯，這種無私精神也由朱天文稱頌了，不過在《願未央》中劉慕沙的「家庭主婦」形象似乎蓋過了其文學身影，這是不得不令人惋惜的。

照片的意義

Walter Benjamin（瓦爾特．本雅明）在〈機械複製時代的藝術作品〉說過：複製技術令藝術品失去「氣息」（aura）、失去「本真」，照片即為其中一種複製模式。《願未央》中有一段記敘朱家三姐妹和林俊穎回到朱家老房子的片段，她們一邊拿著舊照片，一邊比對眼下已經改建的房屋。即使她們愉快地講述小時候的往事，照片也無法複製往昔的情景，這正好驗證了本雅明的說法。不過，當朱氏姐妹從照片想起某位叔叔將遺產留給朱天心，朱西甯用稿費買了冰箱等零碎之事，不得不說照片記憶了朱家的真實生活和歷史，也讓觀眾有機會跟著照片想像朱家的文學和人生風景。

當然，觀眾只能從照片設定的角度和位置來見證過去的人和事，那種獨一無二的「氣息」無可避免地被取代了，不過，當景象和生活無法永恆地延續下去，那種希望永久保存的欲望，可以由複製的照片來暫代。由此，一次屬於朱家私人的文學散步和地景踏查，由紀錄片中的照片及其所存有的記憶，延伸至廣大觀眾的視野。照片中有劉慕沙、朱天文、朱天心等人物，都是屬於朱家的，不過亦無礙大眾憶起自己都曾有過這些各有表情和動態的照片，甚至回想那些前塵往日的感觸和感情。

《願未央》一個令人印象深刻的空鏡頭，是放在書房中心的朱西甯告別式上的獨照。觀眾可以從紀錄片中欣賞劉慕沙的「婚紗照」，那是手托下巴、依著石頭的側面照，還有劉慕沙在書房書寫的獨照。照片的多少並不是斷定人物重要性的標準，而且這可能關係到朱家很私人的原因和選擇，但正因為如此，觀眾只能由照片猜測夫婦二人在朱家的位置，靜態而旁觀地想像劉慕沙在家庭的地位，並反思女性志業的「缺席」究竟是否還是時下社會的普遍情況，看來性別議題似乎仍然是需要討論和研究的方向啊。

《願未央》成功地透過文字如書信、日記，還有照片，展示了朱西甯的文學價值和人生理想，還有劉慕沙為家庭的奉獻和犧牲。鏡頭之下的朱家三姐妹小心翼翼地保存父母的遺物，真是可敬的姿態。這部紀錄片有一個很浪漫的英文名字*Unfulfilled Dreams*，如果這個「夢」可以加入一點什麼，應當是讓觀眾更加了解劉慕沙作為一位獨立的文學人的價值和成就。

延伸閱讀

大江健三郎著、劉慕沙譯：《換取的孩子》，台北：時報文化出版企業股份有限公司，二〇〇二年。

川端康成著、劉慕沙譯：《女身》，台北：遠流出版事業有限公司，一九九一年。

本雅明：《啓迪》，香港：牛津大學，一九九五年。

朱西甯、劉慕莎：《非情書》，台北：印刻出版，二〇一二年。

朱西甯：《1949來台日記》，台北：印刻出版，二〇一二年。

朱西甯：《八二三注》，台北：印刻出版，二〇〇三年。

朱西甯：《現在幾點鐘：朱西甯短篇小說精選》，台北：麥田出版，二〇〇四年。

《新聞守護者》[1] 的饑餓演練

看過《新聞守護者》的觀眾，大多為 Mr. Jones 竭而不捨地追求真相和尋求公義的精神大加讚賞。這當然是電影的核心主題，本文更想說明的是，電影中的真相與饑餓是缺一不可，甚至是相輔相承的。

《新聞守護者》的饑餓分為兩個層次，從廣闊的層面而言，是對真相的饑餓，是精神上的饑餓。從較狹小的層面而言，即是生理上的肚餓。電影巧妙地從結構上形成一個環狀，先由大到小，又由小到大，將出入於兩個層次的饑餓扣連起來。觀眾首先看到 Mr. Jones 對報導真相的堅毅果敢，絕不退讓的性格，為後來他到烏克蘭揭開史達林的假面，人民饑荒至死的真相，定下堅實的基礎。當他回到英國後，電影刻意安排 Mr.

---

1 台灣譯作《普立茲記者》（*Mr. Jones*），本篇片名及人名皆採用港譯。

Jones在大魚大肉的朋友面前，詢問他們對揭露真相的看法。未嘗過饑荒的人總是輕描淡寫地說出自己的見解，但在Mr. Jones身上，我們看到親身體驗後所作的決定是如此的艱難：此舉有機會犧牲無辜的人，然而為了解決人民的饑餓，不得不揭露真相。解決肚餓問題，最先決的條件和最直接的方法就是滿足對真相「饑餓」的欲望！

由火車的「黑」和「靜」說起

Mr. Jones初次體會饑餓，從坐火車進開始。他坐在往烏克蘭的火車上，意識到與他同坐的人對他不利，鏡頭還聚焦滿桌美食，反襯那人內心的惡念。他逃到另一火車。這輛火車上清一色是黑色的人，包括衣著和外貌，電影從視覺上營造神祕及恐怖感，造成強烈的感染力。雖然Mr. Jones外衣也是黑的，但鏡頭很細緻地拍攝到只有他在動，其他人幾乎不動，只有眼神看著他在吃橙。故此，剝橙皮及吃橙的動作變得異常突出，直到他丟掉橙皮，才引起一陣哄動。動靜互補的手法雖然不算新穎，但後來一系列饑荒的場景，都由此作為引子，饑餓的真實首先由色調和動態牽繫觀眾的情緒。

三個饑餓場景：「救救孩子」

導演很擅長將美好事物與危機並置，先讓觀眾放下戒心，隨之而來的傷害和衝擊會更具威力。《新聞守護者》最令人觸目驚心的是三個與小孩相關的場景。「孩子」、「饑餓」、「真相」，究竟可以如何重組和併合，使 Mr. Jones 如此努力不懈甚至不惜犧牲性命？

導演安排偷香腸的小孩和失去母親的小孩兩個情節先後出現，兩個場景的對比張力很強大：如果吃到香腸的就能生存，與母親屍體一起的便是死亡，那麼孩子是代表希望還是絕望？

導演對聲音應該是敏感的。孩子的歌聲和哭聲，一愉悅一冷峻，但這都只是表面，最震撼的是蘊含在聲音之外的批判。Mr. Jones 坐在小孩面前聽他們唱童謠，為紀錄真相拍下他們的照片。最諷刺的是由饑餓的人唱著饑餓的歌，歌詞中說到這些人都因為饑餓而變為「瘋子」！「瘋子」既指那些看似天真無邪的小孩，他們冷不防在他拍照時，搶奪早成其目標的香腸，「瘋子」也隱含另外兩個暗示：一是 Mr. Jones 的未來，當然他當時並不知道自己將為麵包而發瘋，二是孩子已被迫成熟得以自己的「長處」或大人的期待來換取一頓吃食，這種心計讓生活在極權的烏克蘭社會變得重要，更可說是可憐和可悲，即使他們是如此可愛地唱著童謠的孩子。後來 Mr. Jones 走在路上，小孩再次出場，但這次沒人搶吃，也沒有歌聲，這個孩子坐在已餓死的母親旁邊大哭，收拾屍體的人將兩人都收到車上便走了。一路上死人很多，當地人已見怪不怪，又或憐憫和同情之心大概都因時間而消亡，只有這位外來者還為此惋惜不已吧。這段情節不長，卻擅用鏡頭說話。鏡頭不但用 Mr. Jones 的角度來「看」死屍，還以觀眾角度特寫死人，直接強迫我們面對事實真相。如果 Mr. Jones 被偷走香腸而懷疑人性善惡的話，眼前的死別更讓他不得不自問追尋真理和公義的代價。

饑餓的終極演繹就在一間只有三個小孩和 Mr. Jones 的小屋發生。導演又一次為觀眾帶來希望，小女孩在煮食，Mr. Jones 的饑餓之旅終於要結束了？迫近真相總是愈來愈嚇人的，也愈發令人難以接受的。就在 Mr. Jones 不斷提問和孩子有一句沒一句的回答中，屋外的屍體讓 Mr. Jones 立刻聯想到自己在吃人肉，並嚇得當場嘔吐。無聲是很用力的控訴！人吃人的事實，誰會承受得起？孩子們顯露出來的無辜又無知的眼神，實在令人不忍苛責。

說到這裡，魯迅〈狂人日記〉的「救救孩子」可以登場了！連結上文所提及的「瘋子」、「吃人」、「孩子」，即使《新聞守護者》未必符合亞洲的語境，借「吃人」來批判禮教對人的殘害，但放諸四海應該也皆準的是「救救孩子」，問題就在如何拯救。Mr. Jones 的嘔吐是自然的生理反應，也是電影的隱喻，為了飽食而放棄公義真相，身為記者，這就是你的決定嗎？

魯迅早已在上世紀成為精神領袖，不論文學、哲學、歷史還是商業活動等，借用魯迅之名的所在多有。《新聞守護者》幾次提到喬治・歐威爾（George Orwell）《動物農莊》（Animal Farm），有說是啟發 Mr. Jones 的讀物。《動物農莊》寫於一九四〇年代初，出版於一九四五年，魯迅〈狂人日記〉寫於一九一八年，收於一九二三年出版的《吶喊》。如果說魯迅比喬治・歐威爾更早發現「吃人」的種種害處，應該也不為過吧。當然此處無意引證《新聞守護者》的內容來自哪些作家作品，本文想說明的是，不管你是人類還是動物，都無法抗拒饑餓。饑餓面前，人人平等，餓肚子是最大的真理！何謂事實、道德、責任、親情，都只能在飽肚之後才能理解和思考。不過身為萬物之靈，我們更應當不要逃避和抗拒揭開真相的面紗所遭受的不公平，記者，更甚的是人，不管在小城還是大國，都應該努力爭取公義、追求真相，這才是終極解決生理和心理饑餓的方法。更何況我們的孩子正是生活在我們建立的社會，無可避免地受我們的影響，因此，我們需要思考的是，我們還可以為孩子、為自己做些什麼來改變不公不義的情況呢？Mr. Jones 為我們示範了以性命作底線，導演為我們示範了以突出的電影語言對故事敘述和現實批判有很大的幫助（雖然最後只以字幕交代 Mr. Jones 三十歲生日前一天死亡，有點簡略）。在文明進步的國度裡，我們怎能由他人來決定和肯定我們人生的意義和價值呢！

原刊「虛詞」網站，二〇二〇年十月十九日。

延伸閱讀

喬治・奧威爾（George Orwell）：《動物農莊》，台北：星月文化・理得出版有限公司，二〇〇三年。

魯迅：《狂人日記》，北京人民文學出版社，一九八一年。

《親愛的房客》中的敘事結構

《親愛的房客》在今屆金馬獎榮獲三個獎項，包括最佳男主角、最佳女配角和最佳原創電影音樂，成績美滿。有說「攞獎戲[1]」都會述說一些邊緣人物的故事，如性工作者、精神病患者、販毒罪犯等，同志當然也在其中。莫子儀飾演的「房客」林健一和房東周秀玉的兒子王立維是同志關係，房東在其子死後看來不太「親愛」這位房客，但他仍留下來照顧住在這間房屋的人物。我認為《親愛的房客》不只是一部講述同志的電影，導演擅用敘事結構的手法，讓整部電影的層次更加深入，也更呼應同志情感的主題，甚至將主題擴展至家的層面來討論。

1 意為「得獎戲」。

家與死亡

首先談談電影中有多少個「家」。從最大層面而言，母親周秀玉和兩位兒子王立維和王立綱組成一個家（電影沒特別提及其父，可能早已不在了），接著是由此而生的另外兩個「家」：王立維和兒子王悠宇（和前妻）、王立維、林健一和王悠宇。這樣看來，這部電影是以周秀玉作為統攝三個「家」的主事人，如果就此以為一向是男性中心的家庭，從此由這位女性抬頭，佔據主要位置，是導演有意反抗既定觀念的意思，就未免忽視了電影中微妙又細膩的安排了。相反，導演要藉著一層又一層建構而成的家的瓦解，說明傳統社會的婚姻和小眾同志的情愛不是二元對立的關係，更甚的是兩者有著緊密又互相重疊的關係。

事實上，不論是哪一種關係，是表是裡，在公在私，三個「家」都是由王立維主導的，男性仍是操控家的實際人物，打破了家庭結構中單向的、由大而小的、由父母到子女再到孫兒的傳統觀念，而且三個「家」都因王立維的死亡而崩解，然後又因此而重組成一個新的「家」：周秀玉、林健一和王悠宇（和王立綱）。有趣的是，王立維既堅守傳統婚姻的要求，又正視內心祕密的躍動，他既破壞約定的夫妻關係，又隱藏不被社會承認的同志關係。他是兒子又是丈夫也是同志，多重的身分再次說明了男性在家中「有形」和「無形」的重要地位。這樣複雜的身分構成接下來的問題：究竟他的死亡讓一個新家的建立後，便能安穩了嗎？

答案是否定的。導演利用環環相扣的結構，讓家在不斷的瓦解和重構之中，透過死亡來開展及分散，一直沒有終止。當周秀玉死亡，家又再次重組，這次分割得更細小了，分別是王立綱和王悠宇，另一個家只剩下林健一。換言之，死亡一直被人認為是生命的終結，在電影中卻是相反的展示。王立維因高山症而死亡，直接導致周秀玉和王悠宇失去支柱，周秀玉被誤服過量藥物而死亡，直接導致王悠宇和林健一直面祕密。由此可見，《親愛的房客》要說的除了是同志之愛，更重要的是家的故事，而且死亡貫串了家的崩塌和重組，它不但不是完結，反而是促使一些人物重生的開始，正好讓觀眾好好反思家和死亡的意義和價值。

山的象徵

開始和終結兩個詞語，很容易令人想到中學時代作文時常提及的結構：首尾呼應。《親愛的房客》運用了這種敘事方式嗎？我想是有的，但並不明顯，而且也不是硬套的。我最初並不理解為何電影會由高空俯視山下的角度開始。究竟山在電影中隱含什麼意義？直到電影中後段，導演才逐漸解開謎團。相比敘述家的層層開展及深入核心，有關山的部分像是剪接成碎片後加入電影之中，這種無法預視的插敘式安排，呼應了同志情感的隱祕和難以言說的特點：不知道何時出現，也不知道何時消失，尋覓和等待似乎便是觀眾最能夠做的了。不過等到電影完結，我還是未能明白他們爬這座山的原因，未知是否「合歡山」的名字正是他們關係的反諷？

山是隱藏祕密的地方，也是揭開祕密的地方。電影很難得的地方是，導演給予小孩了解大人的機會，感受大人的無奈，再一次打破由上而下的家庭結構：由孫兒「教導」長輩承認自己的錯誤。我們可能覺得成人世界有很多想法都不是小孩能夠理解的，但導演認為藉著林健一和王悠宇一同登山，既是重溫林健一與王立維的舊夢，也是讓兩人解除祕密，釋放心理壓力的時機，更巧妙的安排是這部分出現在警察將要拘捕林健一的危急時刻，與王悠宇在家閱讀祕密之間，一張一馳，其實是既重且輕的。說出祕密，了解祕密，然後呢？我想過電影就結束在這裡，如果再向觀眾一一解謎，便太沒有想像空間了。

《親愛的房客》的結局是感人的。真相大白，林健一被釋放，更重要的是導演沒有將之變成煽情的大團圓：同志情人獲得大眾的支持，與兒子一起幸福快樂地生活下去。相反，兩人各有出路，林健一回去教鋼琴，王悠宇跟叔叔到上海生活。為什麼王悠宇沒跟林健一一起？答案或可從王悠宇寄給林健一的歌曲中找到，歌詞大意是：我有翅膀可以飛翔了，你好好生活，我們在夢裡相見吧。來到這裡，觀眾才終於明白電影開始時，採用高山俯視視角的意思。山困著同志戀人，也困著周秀玉，還有王悠宇，但在這座山上，祕密揭曉了，他們可以各自飛翔，尋找自己的前路了。

有評論說過這是剝洋蔥式的結構，但我認為不止於此，因為剝洋蔥會有「最後」，但這部電影更像是沒有終止的結束。如果觀眾以為案件完結便是結局，便體會不了導演的苦心。各人會就此分道揚鑣嗎？我很欣賞導演並不傾向說理，也並沒有在電影中設立非此即彼的對立關係，這樣臉譜式的教化難以引領觀眾思考，也減少了觀眾發揮想像力的自由啊。

原刊「虛詞」網站，二〇二〇年十一月二十四日。

延伸閱讀

紀大偉：《同志文學史：台灣的發明》，台北：聯經出版事業股份有限公司，二〇一七年。

《一秒鐘》怎樣說電影故事？

《一秒鐘》因「技術問題」取消了在第六十九屆柏林影展的放映，令人更加期待電影的內容和技術。若從電影名字而言，較難想像這是一部有關電影的電影，更添這部電影的神祕感。若從電影內容而言，導演有意利用懸念、放映術語「大循環」和意象等，為觀眾逐步揭開電影主題，所以之前的「技術問題」也可能是懸念之一嗎？

懸念與人物身分

《一秒鐘》開場便設置三個懸念，讓觀眾盡情而不斷地去猜想這部電影的主題。首先是神祕的人物身分，畫面只見一人在大片沙漠之中的景象。導演應該是刻意隱去這個人的身分，觀眾只能從其破舊的衣著、蓬頭垢面的外貌、粗聲粗氣的說話，去猜想他是什麼人，大概猜到幾分他不是一般人吧，這個人物設定實在有趣。

第二個懸念是禮堂的作用。接著鏡頭一轉，群眾從禮堂散出，聲音嘈雜、有說有笑、灰和白和黑的穿著相近，究竟他們在這裡做什麼呢？第三個懸念是有關光暗、對話、內外空間對比的一幕。黯淡轉而明亮的色彩，似乎是導演相對明示的暗示，用以揭露人物身分和主題的方法。然後，有人搬了一些圓型盒子到電單車上，觀眾正疑惑那是什麼，幸好兩人的對答包括一個關鍵詞「范電影」，這不正說明這是一部與電影有關的電影嗎？也許以上所有都只是猜測。所以導演安排這兩人在屋內提及楊場務，鏡頭一閃便見到有人窺看，令人猜想他是與電影有關的小偷。最後，這個「小偷」與走出屋外的人對話，這樣訊息便很明確了：他就是來查看「新聞簡報」播放地點的人。換言之，導演採用非常間接的方式來透現電影主題，不過這樣一層又一層的鋪墊，始終未有明確地交代人物身分，也未有表明電影如何跟電影有關。在開場的短短幾分鐘，約隱約現的安排是比較大膽的處理，導演一直神隱人物身分的處理也很有膽識，用以加強觀眾後來「開估」[1]時產生的震撼力量。

---

1 意為「揭露謎團」。

「電影之神」

《一秒鐘》是關於電影的電影，怎能不提及電影呢，但導演在此又再賣關子。電影最「搶鏡」之處不但在於觀看電影的熱鬧盛況，更在於放映電影前的準備，這準備並非觀眾入座、關燈、檢查設施等常見程序，而是眾人共同清洗骯髒電影膠卷，這是也電影中最令人震驚的場面。

范電影為電影的權威，自有他的道理。范電影口才出眾，聲線響亮，天生是個領導人才。他吩咐各人拿的東西（女的回家拿床單、口罩、紗布、蒸籠、筷子、臉盆，男的回家拿十二號乾淨的鐵絲），步驟清晰而簡潔，材料交代得精細而明確。其中一幕是很有意思的看圖「作文」：他一面看著蒸餾水的製作，畫面貼近蒸餾過程的面盆，一面說「蒸了餾下來的水」便是蒸餾水，不正好是金句王的具體視覺化嗎？當然，實例證明這位電影放映員不是無的放矢的，觀眾便不得不佩服了。不過如此順理成章，電影便沒有高潮，所以接下來他的重大變化，在整個電影結構而言就更令人眼前一亮了。

更有趣的是，當鏡頭集中在眾人合力抬著電影膠卷進入禮堂之時，那種小心翼翼不就是「電影之神」的另類演繹方式嗎？可是，電影即使被奉若神明，但論其重要程度，仍然不及活生生的人吧？這樣奇特的錯置，未必就只是針對電影的，這彷似也是對廣大群眾的心靈啟示：當我們只聽從指令，也許喪失了獨立思考能力，當我們只珍視「身外物」，人的生命價值何在？

說到電影，《一秒鐘》怎會錯過布幕。布幕是電影的一個微妙意象。布幕的意義是成為電影與觀眾的中介。在放映電影之前，布幕便是清洗膠卷的群眾與觀眾的阻隔，在播放電影之時，觀眾便能通過布幕觀看電影。如何沖洗膠卷、抹擦膠卷等動態，台下觀眾都能透過布幕看得一清二楚，但同時大部分人都只能透過布幕觀看過程，而未能親身參與，距離便拉遠了，加上布幕的反映有機會是局部的放大和縮小。根據透視法，愈近布幕的影像便愈大，愈遠的便愈小，未知是否導演藉此嘲諷電影製作的虛假與曖昧，讓人產生築構美好幻象的心理慰藉呢？跟著要提問的是，為何選在此時播放電影呢？答案可以在《一秒鐘》的親情故事之中找到。

上文提到，范電影有重大變化，他和逃犯的關係逆轉在於身分。這種揭示方法的特別之處在於空間：范電影的「地盤」。范電影雖然是群眾所敬仰的偶像，但他先在捲膠卷的位置被逃犯呼喝，繼而在放映室被命令一直播放其女兒的片段。范電影的卑躬屈膝和必恭必敬，不正是反映和發洩電影工作人員不被尊重的不滿嗎？如何不滿也要有個人責任，范電影仍是專業的，他在推搪過後便以「大循環」的方式播放「新聞簡報」。

「大循環」是很專門的術語，透過范電影的親身示範可知是利用「新聞簡報」的首尾連接播放，逃犯便可一看再看相關片段了。這種播放方式與逃犯身分不是很配合嗎？因為逃犯就是不斷地「逃跑」，被人追趕也追趕別人；電影膠卷也需要「跑動」起來，才能放映及觀看。至於為何特別強調「大循環」？這就跟電影的另一主題有關：親情。

「大循環」與親情

《一秒鐘》共有三組人物：一是逃犯和女兒，二是范電影和兒子，三是劉閨女和劉弟弟。三組人物組合起來便是父親與孩子，準確來說是兩位失去和「半失去」孩子的父親和兩男一女的孩子。這樣的人物設計不是很巧妙嗎？

首先，三組人物都與電影有關，二分場就是他們的「循環」。首先三組人物都位於二分場：為了女兒跑到二分場看電影的逃犯，為了弟弟要電影膠卷做燈罩從一分場被追跑到二分場的劉閨女，還有一直在二分場放電影的范電影。第二，電影的結局雖然只有短短幾分鐘，但足以說明逃犯和劉閨女的「循環」，其中又分兩個小循環：二分場和沙漠。逃犯被抓離二分場，政策落實後也回到二分場找劉閨女，這是一個循環。逃犯在大漠中失去了「一秒鐘」女兒，回來知道劉閨女只保留報紙後，兩人也一起到荒漠尋找膠卷。又上又下的黃山坡，就像他們高低起伏的人生和心情。結果雖然未如人願，但沙漠這個地標就是第二個循環之地。

如果直白而美滿地演繹「循環」的意思，便太沉悶了，因此范電影一例可說是「反用」的。范電影的兒子喝了清洗液後腦子壞了，承傳他當放映員這個「循環」便在兒子身上消失，但也因為兒子沒法當放映員，他是三組人物中唯一與父親在一起的，真可謂成也電影敗也電影。觀眾至此不禁回想，眾人千辛萬苦抹擦膠卷，到頭來還不如待在身邊的親人吧？導演是否有此暗示，大概也只能留待觀眾感受和思考。

最後，我們當然要問：究竟大家爭相觀看的電影是什麼？《英雄兒女》的一段情節是有其用意的。當逃犯和劉閨女被保衛科人員抓起綁住，布幕上播放女兒與父親相認的情節，正好是兩人的反襯：失去女兒和父親。當保衛科人員為著《英雄兒女》父女特寫的表情和動作而哭的同時，他們從不惦念逃犯為著「一秒鐘」女兒的膠卷喊得聲嘶力竭。當逃犯和劉閨女只能無言笑對無垠的沙漠，觀眾應當憶起那些濫用私刑脅逼低下階層就範及親手擊碎他們微小欲望的當權人士，並感慨及肯定導演對他們的當頭棒喝。至於放映電影、觀看電影的群眾呢？他們藉著電影治療受創的弱小心靈。雖然這樣未必能根治多年來的悲苦與哀傷，但就像有人在無盡的黑夜和荒漠中奔跑和追趕，終會有一天找到超越個人力量的神祕靈光，這樣會不會更顯得電影是如此耐人尋味的藝術？

延伸閱讀

陳墨：《張藝謀的電影世界》，台北：風雲時代出版股份有限公司，二〇〇六年。
焦雄屏：《映像中國》，台北：蓋亞文化有限公司，二〇一八年。

《她和他的戀愛花期》[1]的敘述時間

《她和他的戀愛花期》是一個愛情故事，也是一個關於時間的故事。在敘述時間的安排上，導演土井裕泰和編劇坂元裕二都花過一番巧思，因此，如果我們只留意電影明確顯示的年份，然後按著年份留意發生在兩位主角山音麥和八谷絹戀愛、成長、分手的片段，便會錯失了隱藏在電影情節之間重複又跳躍的時間處理。

首先，電影給予觀眾清晰的年份指標，並與電影的名字很配合，明顯地說明「戀愛花期」正是二〇一五年至二〇二〇年。花期有限，她和他的戀愛也有限期。五年的時間，說長不長說短也不短，足夠讓一位大學生變成職場新鮮人，也足夠讓一位大學畢業生變回為興趣而生活的人。

---

1 台灣譯作《花束般的戀愛》（花束みたいな恋をした）。

明確的年份當然能夠呈現時間的重要，但處理敘述時間的手法更值得留心。我們一直都認為，時間是線性進行的，從過去、現在到將來，分毫不差，但電影告訴我們，打破這種規律的時間模式，目的在於配合主題，體會戀愛的未可預期和難以把握。

電影開首表明是二〇二〇年，麥和絹正在餐廳看到某對情侶分享耳機的音樂，但這個年份顯然只是給觀眾一個時間座標，而暗藏其中的過去、現在與未來，才是意味更深長的重點，以下從兩方面分析：一是導演安排一個接一個的剪接鏡頭，讓兩位主角分別發表一句又一句對音樂、愛情、人生等的見解。這樣巧妙的設計，觀眾彷如以為當下的兩人正是有著絕佳默契的戀人，並投入在兩人當下的愛情關係之中，然而鏡頭一轉，原來兩人正和各自的另一半交談，也不知道對方正處於同一餐廳。二是借著音樂「祕密」貫串往日與現在。他們對耳機音樂的想法，正是來自回憶。他們還是情人時，便有錄音師告訴過他們這個「祕密」。所以，在這一場景中，麥和絹的現在既像是與對方交談，也正與各自的情人聊天，這是雙重的「現在」，他們亦由眼前的耳機分享音樂的情景，憶起過去二人曾經聽過同一番說話，這是雙重現在與回憶交錯的情景。直至他們一同說要告知這對情人有關耳機音樂的祕密，兩人才看到彼此，雙方表情有點尷尬，也讓觀眾好奇猜想二人是否曾為情侶，之後倒敘兩人的認識經過便更有依據了。

這一幕既代表兩位主角的現在，也象徵他們的過去，當然，我們亦不能忽略那對情侶的作用。編劇安排那對情侶的用意，是承載著過去、現在和未來的。上文已經提及過去與現在的交錯關係，那麼為何跟未來有關？對那對情侶而言，當下分享耳機的音樂，滿是甜蜜的愛意，而麥和絹的結局或許是他們的未來，這個未來便是麥和絹已然分手的現在。為何會這樣說呢？因為電影特意用倒敘手法，回到二〇一五年麥和絹初相識之時，他們也有過如此親密的舉動，但一切已成過去，故此，編劇塑造那對情侶在經歷麥和絹的故事，同時預告現在的美滿或者將成歷史。

電影除了開首是倒敘，接著一直都是順敘。電影以順時序的方式回顧五年前即二〇一五年他們初遇的情況，然後逐年順序記錄兩人相戀、同居、分手的過程。五年間發生很多事，麥放棄畫畫的理想，絹堅持以興趣為先，兩人因此漸行漸遠，瀕臨分手邊緣。

其中描寫得很細膩的是二人在餐廳分手的一幕，這也是很多人談論的一幕。這一幕同樣有一對戀人，也有麥和絹，看來與開首一幕重複了，似乎也不過是回憶過去和糾結當下而已，幸好編劇對時間的編排有過一番考究，才不至於令這一幕變成多餘和沉悶。

與開首一幕相同的是，這對戀人也映照著麥和絹的過去，主角二人在往日有相似的衣著和相同的鞋子，他們從前也會大談閱讀、樂隊、電影等文青話題，而且說得不亦樂乎。當然，這部分如果能減少一點相近的內容，如兩人近似的打扮、聊相同的話題如漫畫和音樂等，這樣的對比便會少一點重複，變化空間便會大一點。但相異之處才更值得細想。一是麥和絹當下的反應。現在的麥只能哭著以結婚來挽回絹的感情，絹也只能哭著離座。分離與挽留的心情都是沉痛的，與開首一幕二人分手後再遇的淡然截然相反。而且，麥試圖以一輩子的婚姻「換取」分手的一刻，不想「分」便「婚」？編劇以此打破人們對人生存有理所當然的單一想法，喚醒觀眾重新想像戀愛的意義。二是即使那對戀人的當下就是麥和絹的過往，但他們的未來，未必就是麥和絹的未來，因為電影不再以倒敘回想過去，反而用順敘的方式，以明朗和平淡作為結局。

電影的結局是麥和絹各自與戀人離開餐廳，並在分道揚鑣的相反方向，頭也不回地揮手道別。因此，那對情侶承載的既是現在的緣分與麥和絹的過去，但未來則是未可預期的，觀眾可有更大的想像空間。

另外值得一提的是，麥在網上找到個人照片和與絹的合照，證明了科技發展超越了時間的限制，這個細節是很有心思的。有說網路世界阻隔了人與人之間的溝通和交往，令人際關係變得疏離和難以理解，但觀乎麥看到兩張照片的歡愉，便可知道電腦科技也有正面和積極的意義。它帶給人無限的緬懷和喜悅，再加上她和他在路上不經意地被拍，然後又不經意地發現被拍的驚喜，麥便以「奇蹟」來形容，這便說明，與其預算何年何月一起做些什麼說些什麼，倒不及突如其來的歡快，這不正好回應了電影名字「花期」雖短暫有限但卻很珍貴嗎？

《她和他的戀愛花期》以幾對戀人來敘說過去、現在和未來，並有意安排以倒敘和順敘的方式，營造跳接的時序特色。麥和絹的過去是另外兩對戀人的現在，但麥和絹的分手結局，也許會是，又或不是這兩對戀人的未來，所以，編劇有意打破單一和線性的時間模式，讓我們思考自以為理所當然的人和事。總的來說，時間是最好的見證人，見證著愛情的美好和愉悅，也見證著愛情的悲傷和哀痛。

原刊「虛詞」網站，二〇二一年七月六日。

延伸閱讀

卡勒：《文學理論》，香港：牛津大學，二〇一六年。
坂元裕二：《劇作家　坂元裕二》，台北：光生出版，二〇二〇年。
胡亞敏：《敘事學》，武昌：華中師範大學出版社，一九九四年。
雷蒙·凱南：《敘事虛構作品：當代詩學》，福建：廈門大學出版社，一九九一年。

跨越地域色彩的親情：《爸爸，對不起》

說起越南電影，《三輪車夫》可能是香港觀眾較為熟悉的，演員包括近日鋪天蓋地宣傳 Marvel 電影《尚氣與十環幫傳奇》[1]的梁朝偉。《爸爸，對不起》可能是近年來較多在香港宣傳的越南電影了。故事講述新生代兒子溫看不慣爸爸巴桑經常做好人，代溝日積月累至大爆發，期間又出現家族爭吵、養女之謎、欠債患病等情節，究竟這些典型情節，會否減弱「越南」元素，令這部電影失去獨特性？

《爸爸，對不起》當然沒有忽略呈現獨特的越南秀麗風光，例如郊外的椰林樹影、街邊的小吃店，最受觸目的是整條街道經常水浸，甚至水浸至家裡，這種越南的地域色彩，在溫出場的一幕尤其值得注意。溫將家變成泳池，直播與朋友一起在家中「暢

[1] 台灣譯作《尚氣與十環傳奇》（*Shang-Chi and the Legend of the Ten Rings*）。

泳」。如此誇張的場景引起了觀眾的好奇，加上觀眾透過雙重的「觀看」，一是觀看《爸爸，對不起》，二是透過觀看這部電影觀看溫的直播。當觀眾以為這樣會看得更清楚時，其實水的流動營造了聲音和色調的模糊，令整個畫面更加耐人尋味。這樣有趣的設計，讓觀眾更想知道溫究竟是個怎樣的人，吸引大家看下去。

不過，電影沒有受限於越南的「異國風情」，電影最耐看的是親情，這是大部分觀眾都能感受到的共鳴。正由於這是普遍的同情共感，稍有不慎，這種共鳴便會變成俗不可耐了。導演分寸拿捏需要恰到好處，這是功力所在。導演總是將「水」連結到家人的生活，兩者缺一不可，特別是家人遇到難題時，「水」便能彰顯其功能。溫因受醜聞影響，需要賠錢給廣告公司，已離家的溫便「涉水」找表哥商量賣掉自己的房子。他們在「水中」談判，互相指摘，兩人不悅和不安的情緒都與「水」相映成趣，幸而「水能覆舟，亦能載舟」，最終溫解決了問題。

《爸爸，對不起》重點在講親情這種大眾化主題，可算是一部通俗電影，需要迎合觀眾口味，這類電影應該未能只是「講述」故事，還需要官能刺激。

電影開場便是一個生動的場面，令人大開眼界。觀眾隨著鏡頭一直追趕著電單車開往窄巷。首先看到的是小巷的眾人，有的在吃有的在站有的在吵，各人佔據著整個畫面。如果鏡頭就停在這髒亂的小巷，一切便太簡單了，還有點俗套。導演這樣的安排不只是為了呈現越南的庶民生活，更重要的是利用兩種電影語言，突顯這個家庭的特點。第一是電單車尾吊著色彩繽紛的貨品，與髒亂的小巷形成強烈對比。開場的鏡頭如觀眾的眼睛，在灰暗的巷子裡突顯貨物的鮮豔，意味著接下來情節會不一樣。第二是旁白。除了看電影，觀眾還需要「聽」，才能更了解故事的發展，所以導演以主角的聲音逐一介紹人物出場，試圖為觀眾解釋這個混沌的世界。

觀眾跟著鏡頭移動、顏色和旁白的運用，這些拍攝技巧似乎都可見於其他電影，並不是什麼新鮮事，所以，如果不加一點新意，便會落入俗套的陷阱了。故此，小胖子的出場剛好添上一點人氣。如果是慣常的情節，便能很容易地聯想到小胖子與旁白的人有關，例如父子、叔侄，但電影令人出乎意料的是，鏡頭一轉，主角巴桑登場，巴桑與小胖子其實沒有血緣關係，充其量只是鄰居，但他勸導他人不要打小孩，由此，觀眾的期待雖然落空，但也能體現小巷裡眾人關係親密猶如家人。歸根結底，人情才是這部電影所關心的。

親情電影常被認為過份煽情，《爸爸，對不起》也在無時無刻說著巴桑的偉大，例如替家人無限量地還債、隱瞞溫指他的女兒是其妹妹、不讓有心臟病的溫捐出腎臟等，導演將很多「世上只有爸爸好」的感動人心情節放在一起，一不小心便會變成公式、濫俗，令人質疑世上哪會有如此如神一樣的人物。因此，如果之前所有的問題都好像很簡單而輕易地解決的話，這部電影便會流於濫情而「離地」了。幸好，導演沒有讓這位接近「神」的爸爸超越人類極限，他還是會經過老、病和死亡的階段。

導演有意以誇張而幽默的手法拍攝巴桑和溫同在醫院的一場戲。鏡頭首先逐一特寫親友如行軍打仗般揮動手臂支持兩人，然後將鏡頭聚焦在躺在病床上握手互相勉勵的父子，最特別的是最後拉遠鏡頭觀看全景，觀眾才知道眾人只是在手術室門外，還未到緊要的手術關頭，何需如此「大陣仗」呢？這樣過於緊張和擔憂的場面，原以為只是搞笑，但只要與結局並置來看，便會發現導演如此安排次序是有其用意的。

《爸爸，對不起》最感人的是結局。當觀眾以為巴桑在手術過後終於自由地過自己想過的生活時，原來一切都只是兒子的想像。導演特意讓巴桑坐在椅子上悠然地喝茶，相反溫則走來走去為自己和女兒張羅早上出門的事，讓觀眾從人物的靜止和急速移動之間了解父為子「忙」的日子已經消逝了，加上溫在畫面不停轉換位置，場面調度之中可見這個家的中心已變成溫了。最後鏡頭對準巴桑遺照、溫對其女兒說巴桑就住在心裡的一段說話，應該都可以刪去。雖然這樣能直接證明親人是雖死猶生的，不過這個主題說得白了便有點老套，就讓溫和女兒離家作結便可，觀眾自會想起從前都是父親張羅眾人的生活，此時不見他，大概已心中有數了。

最後，《爸爸，對不起》是誰對誰說「對不起」？父子衝突之中，溫經常不理會巴桑的感受，但巴桑又何嘗為家姐責罵溫不務正業時開口維護？溫不向巴桑解釋新世代的潮流文化，巴桑也只將溫的女兒當作養女，代溝問題便越來越大了。所以，巴桑和溫各有「對不起」對方的事情，但也可以說兩人都沒有「對不起」對方，因為父子之間，甚至是親人之間本就存在不多也不少的矛盾，這些便成為歷久不衰的創作主題。雖然這個主題有點通俗，但未必沒有藝術成份可言，只要懂得珍惜普遍情感的美好，通俗電影仍有觸動人心的魅力。

延伸閱讀

Tuan Yi-Fu. *Topophilia: A Study of Environmental Perception, Attitude and Values*. New York Columbia University Press, 1990.

Tim Cresswell 著，徐苔玲、王志弘譯：《地方：記憶、想像與認同》，台北：群學出版有限公司，二〇〇六年。

段義孚著，志承、劉蘇譯：《戀地情結：環境感知、態度和價值觀研究》，北京：商務印書館，二〇一九年。

《偶然與想像》：「輪」的場景和名字

《偶然與想像》曾在今年「香港國際電影節」上映，原名《偶然與想像之輪》，翻譯自英文名字 *Wheel of Fortune and Fantasy*。兩個中文名字之間的差異在於「輪」，究竟這個「輪」字有什麼意思？

「輪」可以解作名詞「車輪」、「年輪」，又可作動詞用，解作「輪流」。不論是哪一種詞性，都隱含迴環往復的意思，這正好呼應電影的三段式結構。

《偶然與想像》由三段故事組成，如果我們將這三段故事看成是一個整體，究竟是否恰當？應該如何理解？這就與「輪」的意思有關。濱口龍介導演在三個故事之中，都特別安排和調配場景，還有貫串三段故事中有關「名字」和主題的關係，展示出「輪」既帶有重複又能轉出新意念的意義。

三段故事的場景都很著重室內空間，概略計算的有：第一段「魔法（或更不確定的東西）」的計程車、前情人辦公室和咖啡廳，第二段「門常開」的教授辦公室、佐佐木的家和奈緒的家、巴士，第三段「再一次」的餐廳、綾的家。尋找這三段故事相同和相似的場景，應該不太困難，例如辦公室和家，而且這些封閉的場景，是導演有意為觀眾營造「輪」的重複而且連結三段故事的感覺，也是透現相對隱密的情緒和主題，更是揭發祕密和面對自己的關鍵。

不過，私密的場景並不是單獨展示的，需要「名字」來搭配，這正與每段故事的主題有關。名字代表一個人的身分、性格、命運，與其他人的聯繫等，導演在三段故事都安排了相近又不同的場景，使之產生連結又開啟新的發展。

第一段故事「魔法（或更不確定的東西）」的芽衣子在得知閨蜜津久美與她的前男友和明戀愛，她便到和明辦公室跟他對質，並談論兩人對於情慾截然不同的看法。在一個談公事的私人地方談私事，本來已很需要想像力，因為很容易混淆公與私的界線，加上芽衣子提到和明稱津久美為「津津」，這個暱稱已包括兩人的親密關係，令這個場景更加曖昧不明，也令私隱完全暴露在觀眾的眼皮之下。

辦公室和情慾本就難以放置在一起，導演呈現這樣的搭配，目的在於讓觀眾從常規的事物之中產生「誤會」，進而思考生活的慣性行為。還有名字的親切，猶如戀人之間的稱呼，但兩人其實只有心理上而非肉體上的親密，正好挑戰社會約定俗成的觀念：名字的表面意思與內在意義，本不是一致的，但很多人將兩者混淆；情慾亦然，大眾視之為禁忌，造成個人甚至是社會的規範，限制了獨立自由的想法。

第一段故事最令人驚喜的是兩個結局，觀眾不知導演選擇的是哪一個，不過芽衣子離開咖啡廳走上斜坡並向天拍照的一幕，似乎更值得留意，因為「輪」轉之意原來已悄悄地在此鋪排。既是流轉，需要配合第三段故事再述。

第一段故事的辦公室場景，還有情慾主題，同樣出現在第二段故事「門常開」。如果就這樣認定導演從場景和主題「複製」了第一段故事，便忽略了「輪」也有「轉換」的意思。導演當然沒有重複自己，他利用了「輪」的重複性，轉出新意，連結到第二段故事有關文學市場的討論。

瀨川教授的開門與和明的掩門（和明最後沒有去找芽衣子），一公開一封閉，已顯示不同，但兩者最大的差異是，瀨川教授刻意將可以隱祕的場景，一直以「公開」的空間展示，這與瀨川教授和奈緒討論的文學觀恰可互相對照。

導演讀文學又讀電影（改編村上春樹的小說成為電影《在車上》*Drive My Car* 榮獲第74屆坎城最佳劇本獎、第94屆奧斯卡金像獎最佳國際影片），想必對這些藝術形式自有一套見解，第二段故事就是借角色之口來訴苦的。瀨川教授榮獲的芥川賞（村上春樹還未獲得芥川賞？），是日本很高榮譽的文學獎項，但透過他與奈緒的「告解」，觀眾了解到奈緒朗讀的一段情慾描寫，並不是瀨川教授為了文學的堅持和理想，相反他大膽說出作家需要顧慮讀者，文學由市場主導的一幕，達至「陌生化」的效果：大眾慣常以為文學是高雅的藝術，原來文學並不是全然那麼高尚的啊！原本難以宣之於口的議題，導演特意用開放的場景來「發洩」。由此可見，文學很明顯需要「門常開」來討論，文學不是小圈子的玩意，文學需要貼近大眾。當然，導演是否以此諷刺某些文學作家作品只考慮讀者和市場，失卻文學的本質和價值，便留待觀眾自行想像了。

除了由私變公的辦公室空間，「門常開」的另一個場景也很重要，這是第二段故事有意暴露給觀眾的：奈緒的家，這是第一段故事所沒有的場景，目的在突顯導演在兩段故事的連接之中，「輪」轉出情緣的變化。

奈緒的家相對辦公室是更私密的空間，她在此做私人的事，如電郵朗讀大膽情慾文字的聲音檔案給瀨川教授，其實是合理的，但導演以兩種電影形式，刻意讓觀眾發現名字（或文字）的重要。第一是聲音。電影的背景聲音就是奈緒丈夫和女兒唸快遞公司的名字，這個名字的發音與「瀨川」教授的姓氏類近，讓觀眾想到故事未必就在寄出電郵之後落幕。第二是鏡頭運用。導演以逐漸近鏡直至聚焦在電郵的寄件者停下，並在寄件成功的畫面定鏡幾秒，這些都在在告訴觀眾：名字（或文字）應當認真對待，這與瀨川教授顧慮讀者市場的說法形成反諷嗎？

第二段故事的「名字」不代表親密，相反是問題的開始。至於第三段故事「再一次」在名字上大開玩笑，而且玩得更放。「再一次」再一次承接「輪」流的意思：「門常開」的家「輪」流到綾的家，不同的是後者的家是夏子和綾發現祕密的地方：原來兩人不是高中同學的關係，更勁爆的是兩人根本認錯人！在私人地方說私事，例如討論具哲學意味的問題，你幸福嗎？又例如女同性戀者的情感和丈夫的「外遇」，實在最好不過，更理想的是兩位完全不相識的人，這就沒有任何避忌了，所以，導演設置的場景和人物身分實在高明。

需要注意的是綾的家比奈緒的家多了一個情節，就是安排二人在客廳的落地玻璃前對話，突顯夏子和綾對個人身分的探尋，主題的深刻程度比第二段故事更甚。在綾扮演夏子的高中同學時，夏子首先是面對空闊清晰的玻璃，換言之，夏子可能在對鏡觀照自己，未必跟綾溝通，但綾一直看著夏子，願意視對方為溝通對象，夏子接著才從自我之中醒悟，面對綾（高中同學）說出心底話。如果「扮演」才能敞開心扉，導演似乎在提醒觀眾，想像只能用於一時，因為她們走出私密空間之後，便要親自喚醒埋藏內心的祕密。

有了坦露心事的情節，後來故事的發展便順理成章了。導演在第三個故事「轉」出了室內空間，向著公共空間進發，造成更加開闊的格局，也讓兩人的討論更貼近個人生活。首先，她們在路上討論綾兒女的名字。綾為兒女改中性名字，是不想他們受束縛，這句話剛好成為夏子和綾的對照。如果兩人沒有過直話直說的對話，怎會在大街上說出這些「離經叛道」的話呢？若說路上的行人不多，車站是你來我往的「輪流轉」之處，二人在經歷了誤認、扮演、確定，最後而且最重要的，當然就是綾想起高中同學名字了。導演再一次展現「陌生化」效果：記得名字，不過忘記姓氏。噢！「輪」不是隱含了「圓」的意味？但世事又怎會圓滿呢？

「再一次」的故事以夏子和綾擁抱作結，這一幕正好回應第一段故事的最後一幕，芽衣子獨自面對天空。相同的是人物走在街頭，但人生總有出奇不意的事，這不是形成「輪」（同樣是故事的終結）並且轉（找到值得留戀的人，便是一個新故事的開始）的關係？

最後，現時電影公映的名字已改為《偶然與想像》，失去了「輪」，觀眾是否就未能明白箇中含意呢？電影著重想像，偶然少了一點，未嘗不會更好。

原刊「虛詞」網站，二〇二一年九月一日。

延伸閱讀

村上春樹著、賴明珠譯：《沒有女人的男人們》，台北：時報出版，二〇二二年。

《911算命律師》[1]的性別角色

《911算命律師》的「算命」可以作多個解說：男主角不是「算命佬」，未能未卜先知九一一，但他會「計算」，將人命換作公式，以數字代替種族、身分、階層、年齡等，既能為政府解決訴訟難題，也可以名揚天下，說來是機關算盡吧。

《911算命律師》也是很懂得「計算」的野心之作。九一一是大事件，在短短兩小時說一個大歷史故事，而且採用非官方的角度來敘事，不可謂不佩服。電影開首已呈現導演莎拉歌蘭祖露有意打破既定論述框架的企圖，而且是在具爭議性的性別層面上展開討論。在男主角范伯格講授的法律課堂上，「What is Life Worth?」已是直逼人性的大哉問，觀眾可能期望台下的學生反對這種人命等於數字的說法，觀看一次激烈爭吵的辯

1 台灣譯作《生命理賠師》（*Worth*），本篇片名及人名皆採用港譯。

論，但導演才不會如此單刀直入，范伯格走下台跟學生來一場破格的「角色扮演」：男學生扮演意外事件的女友，她的男友在自己父母田地上被拖拉車撞死（男性主導的企業文化很普遍啊），女學生則扮演拖拉車機器商，另一位男學生扮演死者的父母。男女角色的大兜亂，除了搞笑，更重要的是以顛覆傳統的性別觀來提醒觀眾，觀看這套電影是需要換位思考的。由此，觀眾熱烈期待導演如何破除九一一的官方大論述。

可惜的是，接下來的劇情實在令人尷尬。與法律課堂的性別角色轉換相比，范伯格與其行政人員的性別編排只是「一板一眼」。前者在台上威風凜凜講解死傷賠償算式，台下被受傷消防員追問如何為他朋友的家屬主持公道時，導演似乎認定男性本對這類「行政」事情茫然不知，艾美賴恩便隨即來處理，後者的女性和角色身分讓她本能地接手熱煎堆，讓老闆依然是站在高台上的英雄，左右逢迎地周旋在政府和受難者家屬之間。女性應份地坐在台下和場外當個接投訴、改錯別字、聽電話的無名人士？更要注意的是，能與范伯格針鋒相對的，便是倡導「權力歸於平民」和在九一一失去妻子的禾夫。他集公義、聰慧、果敢、有人情味等正能量於一身，也是改變范伯格的「恩人」，最主要的還是他是一位男性。

范伯格與禾夫是敵也是友，導演最花心力的是安排兩人在五個場面中的「辯論」，結果顯示這是很成功的鋪排！兩人首次交鋒是在死難者賠償會上，范伯格和禾夫一台上一台下，位置的高低已暗示兩人境況的不同，然後在范伯格的辦公室裡，兩人雖能暫時找到共同興趣（歌劇發燒友），但觀眾應該很清晰范伯格說的大意是「我忘了請人關了音樂」，對白寫得真好！說清楚便是「我說了算」的雙關語！在室內歌劇會場，范伯格站著向禾夫訴苦，在共同興趣上，兩人終於由敵變成能「平等」共處。在室外的街道上，兩人都像是路人，范伯格終於向禾夫說出律師的真面目，最後在范伯格律師樓的大廳，兩人在眾多一直反對范伯格的死難者家屬面前見面，禾夫肯定范伯格不是「那種」律師。

導演是場面設計的高手。從公開的官方場合和演奏會，一緊張一放鬆，到私人的律師樓和辦公室，一隱蔽一公開，主次身分從對立到平等到互相影響及改變，有資格出手而且問題能迎刃而解的是男性，另一位很明顯也是男性。

如果觀眾覺得男性主導了整部電影，很想為其他性別人士抱不平，其實導演也不是沒有讓女性及同性戀者抬頭的機會。導演在個案選取上似乎傾向大包圍，既有母親不捨兒子離開的感人發言，也有患癌母親痛惜丈夫死亡和孩子將要再次失去親人之悲劇；既有不顧自身安危在最後一刻通報情況的飛機服務員，也有在世貿大樓協助他人逃生的平民百姓，其實九一一受難人數很多，逐一面向鏡頭哭喊，感人程度可能降低，更何況，當范伯格願意親身接見受難者家屬時，他們又再一次向觀眾「表白」，場面安排大概相似，因此，減少重複應當能令電影節奏更加緊湊。

消防員亞力遺孀琪雲和同性戀者兩個個案是刻劃得最仔細的，但也難逃傳統角色定型的想法。當范伯格想將亞力有外遇及兩個私生女的消息告知琪雲，她被阻擋了，只餘下他的朋友和范伯格在屋外暗黑小巷揭開祕密。男性神話依然矗立不倒，更何況是拯救國家的英雄呢！相反，琪雲只能偷聽，只想知道丈夫私生女的名字，其餘便埋藏在暗巷之內了。女性被認為是不該也不能抹黑丈夫，即使他們的婚姻有裂痕，女性還是需要隱忍，成全大局。另一個燈光暗黑的場面是，她終於願意簽署賠償書，但只能在整間律師樓只剩下范伯格的時候交給他，丈夫的「醜事」是不能外傳的，還要大方地宣稱她是為了兩個女孩才這樣做。明知丈夫有外遇但仍不斷稱讚他是好老公好爸爸，這不是自欺欺人嗎？為何女性便應當如此偉大？如果觀眾沒有忘記，這位英雄出場時幾乎看不到正面，或閃現得很快，畫面的刻意設計目的在不告知觀眾他是誰，暗示他隱藏祕密，也有不為人知的一面；他在公眾面前只能是正義和勇敢的形象。

至於同性戀者的個案，由於他未能獲得死者父母確認，也被摒棄在法律之外，他是明符其實在公在私的被遺忘者。雖然這個個案如此慘情，但導演在情感拿捏上是恰當的。電影當然可以大肆渲染同性戀人的悲情，但導演在具爭議的同性戀議題上沒有過份的賣弄。首先，觀眾因著死者父母責罵那位「未忘人」便越投入，越是替他不值。在為此失落之時，聞說政府願意修改法例，觀眾以為這位「未忘人」快要得償所願了，結果「未忘人」的希望還是落空。由不憤到興奮，由希望到失望，導演掌握觀眾如過山車的情感，並由艾美賴恩擔任見證人，她由直面幾位當事人的情緒，到在電話告知「未忘人」願望落空。導演運用兩次特寫鏡頭，聚焦在艾美賴恩哭泣的面容，目的在告訴觀眾，女性是最重感情的，但也是最容易受感情觸動而失卻理性的，范伯格不是也罵過他那位學科第一名但太感情用事的女學生嗎？彷彿女性只是感性擔當，她們善哭、遇事總要 take a breath，成為備受憐憫的一方，殘局就由男性來收拾吧。

既然男性也有負面情緒，也會對婚姻不忠，女性為何不能在政府會議上擔任發言人，為何不能成為團結受難者家屬的組織者？當然，觀眾都很明白《911算命律師》是真人真事的改編，有些部分還是需要忠於原著的，但細節的處理還待導演和編劇的安排，這也是理所當然吧。我不太相信艾美賴恩背對鏡頭獨自站在律師樓辦公室，並在玻璃窗前看著美國國旗於眼前飄揚的一幕，沒有些許暗示女性也能為國效力的豪情啊！可是，在文明開放的國度裡，在突破傳統性別角色定型的設計上，看來還是有點為難的。

原刊「虛詞」網站，二〇二一年九月二十日。

延伸閱讀

Feinberg, Kenneth R. .*What is Life Worth: The Unprecedented Effort to Compensate to Victims of 911*. New York: Public Affairs. 2005.

《電影之神》到底有多「神」？

《電影之神》是松竹映畫一百週年紀念之作，講述一位原本是電影導演後來變成嗜賭酗酒的老年人鄉的故事。如果只聚焦在潦倒電影人的失敗，便會錯過這部交疊光與影、過去與現在、青春與年邁等主題的「神」奇之處了。

《電影之神》的名字包含幾個意思，首先是觀眾入場觀看這部電影的名字，然後是電影主角鄉撰寫的電影劇本名字，這個名字連結鄉的過去與現在，是見證鄉由夢想成真到夢想落空又「飛黃騰達」的過程。換言之，《電影之神》這個名字奇妙之處在於既指向現實，又回到虛構的層面，而在虛幻的故事之中又徘徊在過去與現在：過去寫成的劇本，到現在成為外公與孫兒共同修改的劇本。

說了那麼多，其實我想說的是，《電影之神》將過去與現在都拍得很精彩，既有內容的深度，也有拍攝的美感，所以《電影之神》的「神」應該不只是一個名字而已。

「神」可作形容詞，意指神奇。《電影之神》的「穿越」情節當然不甚神奇，神奇的是電影特意以鄉和家人的「小歷史」與日本電影史和日本歷史的「大歷史」並列，而後者又再分為三個層面，這樣層層相扣的關係，導演山田洋次是如何表達的呢？答案是從桂園子的眼睛中呈現出來的。

「眼睛」是靈魂之窗，理應是清澈的，因此這個意象就如鏡子，貫串和反映兩個鄉──過去的鄉和現在的鄉，真是很貼切，而且這也是鄉自己的發現，突顯鄉的獨具慧「眼」，這是電影第二個神奇之處。山田洋次安排鄉從桂園子的眼睛看到從前的自己，觀眾也以此作為「入口」，透過鏡頭的快速轉變，便一起跳進過去的世界。觀眾首先見到這個過去的世界，是北川景子扮演的桂園子，這是第一層面，並從拍攝她的家居場景和平視的攝影機位置，聯想到小津安二郎的電影女主角原節子，這是第二層面，再從這兩位日本影壇的殿堂級人物聯想到日本的片廠制度、後期配音等早期電影拍攝的限制和特色，這是第三層面，可見「大歷史」當中也有層次之別，也有先後之序。由桂園子的拍攝現場和以前的松竹電影廠，擴闊至日本電影的歷史，呈現那時電影拍攝的困難（如只能依靠天公造美，沒有電腦後期製作）和愉悅（台前幕後和當紅演員一起在小食店慶祝殺青），相比直接的剪接手法，這樣的切入角度更加微妙也更具變化。

在桂園子拍攝電影的場景中，山田洋次有意公開拍攝電影的真相，利用類似「後設」的手法，打破桂園子作為角色和真人的界線，直接讓觀眾意識到「正在拍攝一部電影」，這是電影第三個神奇之處。最明顯的是桂園子提問出水宏導演，她的演技如何？導演的回答很誠實坦白，大意是樣子漂亮，演技不怎麼樣！可能是不經意的一句對白，不知是對角色說還是對演員說呢，真是神來之筆！所以，對白不在乎長短，重要的是哪個場景和哪個人。在這句對白之後，桂園子便返回拍攝現場，繼續用她一直以來的「演技」演出，觀眾自會明白那句對白的指涉對象是誰了，難得的是北川景子完全不介意觀眾會對號入座。

《電影之神》的「神」的另一解說是「神明」，是名詞。電影有句精妙犀利的對白，每格底片之間，住著一個「神明」，意思是電影好像有魔法，將現實變成聲色俱全的故事。看過電影的觀眾，大概都為電影結局所感動，因為電影之「神」成為了鄉的救贖，電影讓鄉起死回生，又讓他從生到死，最終將鄉帶進他自己的電影世界，而且永遠定格，永恆不滅。「神」明如此玄幻，山田洋次是如何表達「神」明之「神」？答案是從桂園子的「神」走出來的。

這裡牽涉第三個「神」。「神」還有精神之意，延伸為心靈、靈魂。鄉的劇本《電影之神》最終未知能否拍成電影，但憑著他的天賦與其對電影的熱情，在他人生的最後一刻，桂園子演繹了他的劇本女主角，從銀幕走出來與他對話。這樣既正面肯定了鄉的電影才華，同時也暗示桂園子對鄉的感情。這一幕讓觀眾大為震驚！這一幕超越了時間和空間的限制，桂園子從鄉年老的軀體「拉出」其年輕時幹勁十足的「神」，也只有桂園子能讓鄉靈魂出竅，讓鄉回到屬於自己的夢想之地，由此也令人聯想到原節子霧裡看花的感情生活。原節子在當紅的時候息影，之後再沒有回到銀幕，原因是什麼呢？桂園子在開車載淑子去找鄉之後便沒有出場了，她到底去了哪裡？原節子和桂園子的身影「總也不老」，也令觀眾留下無限遐想，留白有時就是最好的對白。

桂園子能夠領會鄉的電影夢，如果他們如此合拍，那麼寺新和淑子呢？寺新曾對淑子表白但遭婉拒，他們也有心「神」領會的時刻嗎？觀眾應該記得鄉喝醉回家後，把寺新珍藏多年的淑子年輕時的照片給她的一幕。照片是寺新特意用電影底片單獨為淑子拍下的。同為「底片」，當中也珍藏寺新的電影夢吧？可惜照片只能銘刻屬於兩個人昔日的青春情感和時光，只能永存於回憶之中，因為照片沒有「神」，無法穿越過去來到現在，補償之前失去和未及把握的人和事。

雖然「神」的偉大能超過生死劫難、日月光暗，但無法每每盡如人意。山田洋次並不是為了大團圓結局而給予主角鄉無限的不死光環，其實美好之中的缺憾也是值得留戀的。雖然鄉最後隨著自己的電影理想離去，但經過兜兜轉轉的廢老人生，「神」終於還是在鄉那裡，其實一直受電影之「神」眷顧的是他，甚至可以大膽假設，他就是敢於打破常規、創意無限的電影之「神」！

延伸閱讀

小津安二郎著、陳寶蓮譯：《我是賣豆腐的，所以我只做豆腐。小津安二郎人生散文》，台北：新經典文化，二〇一三年。

《午夜天鵝》的天鵝「重像」

電影名字《午夜天鵝》很明顯指向的角色是草彅剛飾演的跨性別人士凪沙。電影一開始便將鏡頭對準凪沙與三位跨性別朋友的天鵝打扮，清純潔白的服飾、鮮豔耀眼的紅色舞鞋與午夜酒吧的氛圍，色調的對比給予觀眾強烈的視覺印象，預示這些「天鵝」的非一般形象。首先出場的凪沙當然是重要的人物，但我們不要忽略電影中的兩位少女：一果和小琳。雖然她們都不一定出現在午夜，但她們也是喜愛跳芭蕾舞的「天鵝」。「午夜」應用於一果和小琳，其實是內心的呈現多於外在的真實，她們的故事可能更加吸引。

既然三位都是「午夜天鵝」，除了三人都跳天鵝湖芭蕾舞，也跟柴可夫斯基芭蕾舞劇故事有關。這套芭蕾舞劇就是由同一位舞者飾演「白天鵝」奧傑塔和「黑天鵝」奧吉莉亞的，令人聯想到《午夜天鵝》的角色設計巧妙之處在於兩組「重像」（double）天鵝，並由一果貫串其中，缺一不可。

希臘神話的水仙子故事裡，水仙子 Narcissus 及其倒影便是「重像」關係。Narcissus 是英俊的少年，Echo 是其中一位喜歡他的神，但 Narcissus 拒絕 Echo，Echo 得不到所愛而亡。愛神為了替 Echo 報仇，便令Narcissus 愛上自己的倒影。Narcissus 因為觸不到「愛人」，抑鬱而終，變為水仙花。這個故事淒美又悲傷，很配合三位「午夜天鵝」的形象。事實上，我們可以將三人分成兩種「天鵝重像」，一組是小琳和一果，另一組是凪沙和一果。

天鵝「重像」1：小琳和一果

小琳和一果有很多相似的地方，例如她們年齡相約，上同一所學校，都喜愛芭蕾，她們都得不到父母真正的關懷。

一果被母親虐待，沒錢上芭蕾舞課，在在引起別人的同情，但其實小琳更值得關注。雖然小琳的出場時間很少，但她擁有的金錢物質，基本上跟「午夜」沾不上邊，可能就是這種難以直接對等的關係，讓人更想看看小琳與一果兩隻天鵝，到底為何是「重像」，又怎樣「重像」。

如果要說兩人「重像」的契機，便是兩人的共同愛好芭蕾舞了。電影特別提到小琳主動送一果芭蕾舞衣，把母親用錢和關係進入紐約芭蕾學校的「祕密」都告知一果，完全視之為親密友人。

如果兩人只是表面相似的「重像」，便沒什麼特別，所以電影安排兩隻「天鵝」在美好過後表現了恨！回到《天鵝湖》的劇本，王子不就是曾受迷惑，以為相似裝扮的「黑天鵝」奧吉莉亞便是「白天鵝」奧傑塔嗎？原本是眾人焦點的小琳，了解到一果比她有舞蹈天分，便心生妒忌，居然慫恿一果參與私影活動賺錢參加芭蕾舞比賽。電影成功塑造了小琳是位有血有肉的人，這樣才顯得人物更加立體。如果二人一直相親相愛，未免太平淡無味了，也難以造就接下來「二合為一」的超然境界：小琳在天台親吻一果的一幕。這一幕是很動人的，親吻代表親密，也代表小琳和一果「我中有你，你中有我」，而且天台場景是經過精心安排的，目的是預示小琳再一次出現在天台，然後壯美地落幕。

同樣的天台場景，同樣的兩隻天鵝，二人聽著同一首音樂而翩翩起舞，這是電影最震撼的一幕。不同的是，比賽現場的一果就是鎂光燈的焦點。相反，小琳因傷不能再跳舞了，她在父母朋友的婚禮上也只是新人出現前的過場，甚至連布景板都不如。電影特意以快速剪接方式營造兩人一先一後出現的畫面，造成類似重疊的效果，二人從此合成一道流動的生命風景線。

這一幕除了再次強調二人的「重像」關係，更成功豐富了「重像」的內涵。一果一躍成為舞台新星，但小琳的最後一跳跨出了天台，成為真正自由的天鵝。奧傑塔不也是奮不顧身躍入湖中拯救王子？雖然觀眾可能會為小琳生命的消逝而可悲和可惜，但一果是其「重像」，而且兩人的「重像」關係不僅在於相近，更在於一果也是小琳。一果成為了真正的芭蕾舞者，身為「重像」的小琳終於能獲得眾人的注目，不得不說這是小琳相對理想的結局。

天鵝「重像」2：凪沙和一果

這對「重像」關係便複雜一點。電影處處讓凪沙與一果成為「重像」，例如凪沙將天鵝頭飾送給一果，一起變成「天鵝」，但又多次表現她們不能是一對「重像」，例如二人都表示不是自願共處一室，實在帶點矛盾。

電影最明顯地呈現這對「重像」的不可能的是老伯的話：當她們在公園跳天鵝湖時，彷如智慧老人的老伯便語帶雙關地說：公主在早上便會變回天鵝，真是悲傷。這就是《天鵝湖》原著故事的情節，也是兩人人生真正的一面，暗示她們終未能成為真正的天鵝，看來是個悲劇。

如果電影只按原著劇本內容，便很無趣了。所以，凪沙從名字到性別，不是有意改變宿命嗎？「凪」在日文是指「風平浪靜」，但他自小已認為自己是女性，過著與名字截然相反的人生。

凪沙和一果的「重像」關係在於繼承，由凪沙一人深夜跳舞，到凪沙和一果二人的「母女」共舞，最後一果獨自踏上異國舞台，都是以紅色鞋子作為意象貫徹其中。這個意象多次出現在電影之中，其中三次很值得討論。鞋子既是芭蕾舞者的重要象徵，也見證著二人命運的改變。《天鵝湖》的故事裡，白天鵝需要等待王子的拯救，才能變回公主，但《午夜天鵝》這一對天鵝，憑著堅毅的信念和刻苦的努力，開創和完滿屬於自己的人生。

第一次是上文開首時提到的，凪沙穿著豔麗的紅色舞鞋在酒吧跳天鵝湖，他的男性身分和舞鞋的女性象徵是錯配，所以這對舞鞋未能發出聲響，意味著外表美麗的「天鵝」凪沙只能隱藏於黑暗。

第二次出現紅鞋是配上聲音的。凪沙做了變性手術後，希望成為一果母親。導演在這裡的處理很高明，如果煽情地讓凪沙和一果從此相依為命，大概只是一廂情願的想法，社會對變性人還是不太理解和接受的，每每充滿獵奇的凝視（例如工廠經理）。當凪沙一步一步離開老家之時，鏡頭特寫凪沙的一對紅靴子。顏色的重複讓觀眾更留意凪沙和一果的「重像」關係，她們不是母女，也可以是其他「重像」。紅靴子的撻撻聲，敲醒的不只是觀眾，凪沙已能以女性身分光明正大地站在人前，也敲醒了一果，從前凪沙為她賺錢上芭蕾舞班，她又可以為凪沙做些什麼？

這個意象最後重複出現在一果踏上紐約芭蕾舞比賽場地的樓梯上。觀眾一邊聚焦在一果的背影，還有似曾相識的外套，一邊聽著她的紅色高跟鞋的聲音，鏡頭一路由低至高仰視著一果昂首闊步地踏上樓梯。對比從前凪沙只能獨自在午夜的平地上一步一驚心，現在一果踏著紅色高跟鞋發出的撻撻聲，仿如與凪沙同在，每一聲都在提醒一果，她不只是為了自己，也是為了「母親」凪沙，她要繼承凪沙，以行動宣告自己是從日本躍登世界舞台的天鵝了，正好反擊那些曾經嘲笑凪沙跳天鵝湖的人。導演再次使用平行剪接的技巧，凪沙與一果的美好回憶與一果的優美舞姿，一過去一現在，兩人的「重像」不但超越時空，而且一直延續下去。

總括而言，兩組「重像」關係既相似又有差別。相似的是，一果和小琳成為互相的救贖，一果與凪沙也成為互相的救贖。小琳未能成為芭蕾舞員，一果便替她實現夢想；凪沙希望成為一果的「母親」，一果便陪著凪沙在沙灘渡過最後時光。不同的是，一果為「母親」走得更遠，她以「女兒」的身分（戴著凪沙的頭飾）為「母親」站在國際舞台之上表演天鵝湖，跨越了地域的限制，讓世人都看到「女性」之美。

原刊「虛詞」網站，二〇二一年十月二十一日。

延伸閱讀

Gantz, Timothy. *Early Greek Myth*. Baltimore: Johns Hopkins University Press. 1993.

如何邂逅愛：《邂逅愛之夏》[1]的構圖美學

有說《邂逅愛之夏》是一部公路電影，可能與兩位主角都在公路駕車並一直對話有關，有說這是一部同志電影，兩位男主角由互有忌諱到互相取暖，看來是典型的同志情誼故事。但我會說《邂逅愛之夏》最值得留意的是畫面構圖，導演真是這方面的高手。一切由電影名字《邂逅愛之夏》的「邂逅」說起，也由兩位主角在船上的「邂逅」開始說起。

域陀的祖母離世後，他便前往德國尋母。他在船上「邂逅」德國男子馬蒂亞斯，兩人的「邂逅」並不如電影名字般浪漫，相反一點「愛」都沒有。兩人是從互看不順眼開始的。導演有意安排兩人同時出現在畫面，並利用景深來突顯域陀的被動和馬蒂亞斯的

1　台灣譯作《我的意外男伴》（*The Man with the Answers*），本篇片名及人名皆採用港譯。

「不拘小節」，這樣的設計看來十分有趣。首先，很多客人在船上餐廳吃東西聊天，似是一個很普通的場景，馬蒂亞斯的登場是站在觀眾的眼前的，佔據畫面大概二分之一，逼使觀眾看著他，然後鏡頭特寫他偷三明治的動作，這樣觀眾便會更特別留意馬蒂亞斯。導演當然不會就此停住，接著鏡頭變焦對準站在馬蒂亞斯後面的域陀，域陀很明顯目睹一切，而他站的位置很重要，太近會令人覺得二人是同伙，失去神祕感，太遠的話他們根本沒法交流。所以兩人在畫面的一前一後，而距離剛好是沒有阻隔的對望，顯然是為了呈現互有戒備的心理狀態。至於其他人好像完全沒留意這兩個人，彷如為他們營造了尋常中不尋常的「邂逅」。

既然「邂逅」得如此尷尬，為何有「愛」？這要多得馬蒂亞斯的說話技巧。馬蒂亞斯成功說服域陀載他一程，並在路途上一直提問，試圖打開對方的心扉，但域陀初時很有戒心，直到馬蒂亞斯謊稱要上廁所，實情是去美麗如畫的湖邊游泳。導演很懂得利用構圖的線條塑造兩人關係的改變：首先鏡頭所見是平靜如鏡的畫面，呈現一望無際的水平線，湖面的靜態和樹木的倒影都給人安穩的感覺。之後兩人一先一後跳進湖裡，域陀還要多次跳水，不要忘記還有跳水的水花四濺，可見他終於能夠拋開拘謹的姿態了。總言之，兩人站立的直線、跳水的弧線和不規則的水花驚擾了自然的寧靜，打亂了平靜的湖水，兩人的感情亦由此而起了變化，由這次的「意外」打破隔膜而成為朋友。最後兩人坐在岸邊，水平的橫線和兩人的直線（當然還包括兩人肌肉線條之美）成為諧美的整體，令人有愉悅的感覺。

當觀眾以為兩人就此「愛」下去，游泳池一幕似乎是轉捩點。原本初為好友的關係快要被祕密打破，域陀因此不滿地走進空無一人的游泳池。游泳池沒有池水，只留下廣闊的空間和天空的蔚藍，這樣的安排正與域陀充塞糟糕的心情成了強烈的對比，一大一小，一空一滿，當初美好的善意至此變得冷靜。

導演再一次利用畫面線條來表達兩人的感情，但這次是拉遠距離，加上自然環境的安排也不及湖面游泳般靜謐，反而帶點緊張，這就跟游泳池的場景有莫大的關係。游泳池一幕由多種固定線條構成，如長方形的游泳池、跳台的樓梯等，更令人感受到域陀不但回到從前的綳緊，而且更加劃地自限。

域陀首先坐在較矮的跳台前沉思，馬蒂亞斯追來並走上更高的跳台站著，一橫一直，還有樓梯呈現更加緊密的橫線和直線，所以多層又橫又直的構圖形成的不但不是規律，而且是更加的錯綜複雜，而這種複雜在鏡頭的遠景之下，在大自然的環境之下，更顯得兩人的渺小。之前他們在湖水中暢泳也是自然之景，但這次加入了人造之景（游泳池），而且畫面上也由之前的一整排樹木變成只有幾棵的椰樹，椰樹排列整齊但疏落，線條因此更加突出了，形成的景深也更加明顯了，這是為了鋪排故事發展：相比兩人並列靜態坐在湖邊，跳台的高與低不只造成錯落的視覺效果，更暗示兩人關係的起伏。不過，兩人也不是完全靜止的，導演安排鏡頭的移動與兩人的心情有關：從仰角拍攝馬蒂亞斯向下看域陀，呈現他的疑問。接著，鏡頭轉而俯視拍著域陀往上看馬蒂亞斯，呈現他的隱憂。這兩個畫面都沒有很明顯的線條，究竟兩人的「愛」會否就此破裂？接下來導演以場景的線條交代兩人感情的發展。域陀不滿馬蒂亞斯識穿安潔莉琪是他的母親，憤怒地走出泳池，兩人中間隔著垂直線條的鐵閘。鏡頭從泳池外面看過去雖然像馬蒂亞斯被監禁，但域陀的憤懣何嘗不是自我監禁呢？

域陀為何如此不滿馬蒂亞斯知道他母親的事？一切來自他童年陰影：他的母親嫁人後丟下他給祖母照顧，令他對人失去安全感。導演至此才揭曉答案，看來是為了淡化國族問題，更是為了鋪墊結局，「愛」海翻波過後，二人終於見到域陀的母親。原來她正在為幼子籌辦派對，好不忙碌。即使她竭力介紹兩人認識家中各人，但屋內與屋外猶如兩個世界：只有這二人在屋內，其他人都在屋外。

導演特別以兩個層次的景深來表達兩組人物的疏離。當她匆忙從屋內走到屋外招待客人，鏡頭聚焦在屋內的域陀與馬蒂亞斯。他們在屋內觀看窗外的眼睛是一層，窗框的阻隔是另一層，由兩層的阻隔，由靜態之中透現兩人的心理距離。電影沒有呼天搶地的情景，也沒有陰森的氣氛，屋外各人是那麼的愉快與歡樂，但熱鬧是他們的，域陀和馬蒂亞斯什麼都沒有。更特別的是，觀眾處於二人身後，隔著螢幕作為窺探者和旁觀者，靜觀與理性並置，營造間離的想像。

最終四人能夠聚在屋外聊天，至於他們是否就此和洽地相處，鏡頭再次從屋內透過窗框拍到屋外，顯示眾人的距離和隔閡仍然存在，而這裡的景深也是表現得很恰如其分的。導演沒有將大團圓結局視為人際關係的終結，也沒有理所當然地視同桌吃飯為和好的象徵，但他也沒有完全抹煞希望的可能，當能給予觀眾一點美好的期盼吧。

延伸閱讀

Louis D. Giannetti著，焦雄屏譯：〈第二章　場面調度〉，《認識電影》，台北：遠流出版事業股份有限公司，二〇一〇年，頁67-114。

悲情的時代：論《最好的時光》「自由夢」中的角色設置與場景細節

一、引言

侯孝賢《最好的時光》第二段「自由夢」的背景設於一九一一年的日治時代，描述知識分子與藝旦的愛情故事。電影在一貫侯孝賢「長鏡頭」的電影風格下，暗藏兩人的情感壓抑與掙扎。「自由夢」以默片的方式呈現，有說恰巧是對電影一百週年紀念的致意；如回顧侯孝賢前作《悲情城市》，可見電影中「沉默」的作用是不能輕易帶過的。《悲情城市》是首部觸及有關「二二八事件」的電影，並榮獲威尼斯影展金獅獎，這樣特殊的情況引起了當時社會的討論，如侯孝賢的保守政治態度、女性歷史的不受重視、流氓家史與台灣國史連繫的不合理等，[1]其中梁朝偉飾演的文清是啞巴，更讓人感到不解。根據侯孝賢的解釋，聾啞角色的出現是現實的考慮（梁朝偉不懂台語），引起眾多解讀卻是他們所意料不及的。[2]事隔十多年，侯孝賢再次在技術原因下（張震與舒淇的台語帶國語口音），選擇以「默片」的形式拍攝「自由夢」；這次侯孝賢多了一種考慮，他要求舒淇與張震在現場以廣東話演繹，表現「猶豫與慢吞吞」的民初悠閒特色。[3]不論角色是真的「無聲」，還是裝作「無聲」，「沉默」在電影中表達了身處受壓迫、不自由時代的困局。

1 迷走、梁新華編的《新電影之死：從《一切為明天》到《悲情城市》》收入了有關批判《悲情城市》的文章。對此，葉月瑜的〈女人真的無法進入歷史嗎？——再讀《悲情城市》〉批評《新電影之死》一書，認為有關的「非主流」文章未有留意侯孝賢及有關工作人員（如編劇）的背景及電影所關注的層面等。可參考葉月瑜：〈女人真的無法進入歷史嗎？——再讀《悲情城市》〉，林文淇、沈曉茵、李振亞編：《戲戀人生：侯孝賢電影研究》，台北：麥田出版社，二〇〇〇年，頁181-213。

2 吳念真、朱天文：〈悲情城市十三問〉，《悲情城市：吳念真、朱天文作品》，台北：三三書坊，一九八九年，頁26。

3 唐嘉晞：〈舒淇妓院彈琵琶〉，《明報》，二〇〇五年十月十二日，C2。

「自由夢」講述張震飾演的知識分子傾情舒淇飾演的藝旦，男的為革命事業疲於奔命，不斷想著國家復興的理想。女方在兩次暗示想贖身嫁人後，終於鼓起勇氣「明示」對方，沒想到默默守候，最終只換來逃避與無言。武昌起義之時，已是事隔三個月之後，知識分子已離開藝旦，只餘下藝旦對他的無限依戀與無可奈何。由於角色的「無聲」，人物的表情與動作、場景的設置等，便成為觀眾凝視的對象與關注的重心。此外，在細節處理上，導演安排電影以字幕、背景音樂、信件作為與觀眾溝通的媒介，透過視覺、聽覺、文字等感官感受，不僅加強電影的文學性，也能藉著不同感官細節，有助多元地呈現生活的真切感受。除此之外，「自由夢」多次出現重複的日常生活場景，如藝旦遞水侍候知識分子、兩人對坐說話等，通過相似但不相同的空間場景，表現兩人的情感在逐漸地變化，讓觀眾更能感受當時被壓抑的人物的心理狀態。以下首先分析「自由夢」中兩對男女角色的對照關係，以突顯主角的不自由與無奈，然後集中討論全內景的空間設置，如何將家居生活細節變得更豐富。

二、兩對男女角色的對照

「自由夢」的主角藝旦與知識分子都沒有名字，象徵人物的普遍或平凡，甚至是社會大環境下不重要的小人物。相對於這兩人，是兩位在電影中出現了很短時間的男女——姓蘇的茶莊小開與藝旦的妹妹。雖然他們只在三個場景中出現，但對於藝旦二人的感情關係，有著重要的影響。首先，藝旦妹妹能嫁給茶莊小開，全賴藝旦把事情告知知識分子而他又願意付三分之一的贖金（即一百兩），由此可說，藝旦與知識分子是他們的拯救者，然而拯救者卻無力自救，二人反而漸行漸遠，最終各走各路。

事情要從懷孕、贖身、贖金之事開始說起。茶莊小開與藝旦妹妹出現的場景共有三次，第一場是茶莊小開與鴇母談贖金之事。在男尊女卑的社會裡，女性地位低微，更何況是藝旦，這樣的身分讓她被擠在更為邊緣的、更受歧視的位置，然而在「自由夢」中的藝旦卻是主動而勇敢的，她提出辦法解決贖金不足的問題。這場是其中一例，下文再有分析。至於鏡頭方面，電影刻意從外拍進房內，但沒有拍到房內的全部情況，刻意與人物保持距離，像偷窺觀看內裡的情形。同時，知識分子正在大廳與友人閒談，但他心不在焉，面上的表情也很擔心，他坐的位置也剛好不能看到房內的全部情況，故此拍攝局部景觀的手法猶如知識分子的觀察位置，觀眾也可由此代入，從而了解他擔憂的心情。這場面對男女主角二人的情感發展是很關鍵的。雖然他們沒有在同一畫面出現，但在男主角來說，他對終身大事表現的擔心緊張，不只從表情動作上可以觀察得到，也從行動上——負擔一百兩贖金——得以證明，然而他置身事外的觀看位置，預示了他對私人情感的欲說還休。

另一場相似的場景中，知識分子是缺席的，目的之一是加強男性對國事的熱心，對照對情事的無心，二是獨留空間給兩位女性談私事，由此更見藝旦孤獨一人的憔悴與失落，而茶莊小開則在另一房間付贖金，取代了知識分子成為願意承擔責任的人。導演以人物「在場」與「不在場」的處理手法，否定或推翻了知識分子在上一場的正面與積極態度，從而反襯妹妹二人一起並逐漸走向光明之路。在藝旦教導妹妹當妻子的責任時，言語間透露她對婚姻生活的重視與憧憬，然而個人之力不能完成兩人之事，埋下了他們二人將來要面臨危機的伏線。第三場同樣的場景是電影的其中一個高潮及轉折，突顯兩對男女角色的強烈對比——自由與不自由、幸福與不幸福、喜與悲……。茶莊小開與妹妹回門時身穿紅衣，從色彩上已見很悅目耀眼，而且他們一起面向觀眾，成為眾人的簇擁對象。對比於藝旦二人一前一後、一外一內（電影一開始只拍到藝旦走出房外與他們聊天，然後鏡頭才順著眾人進入房內，進而窺見知識分子也在）。這場景也是兩對男女角色對比最大的一場戲。在畫面構圖上，藝旦與知識分子已從分站於畫面左右兩邊的位置，甚至幾乎被鏡頭擠走。他們全場甚至沒有任何交集，而且背向觀眾，觀眾的焦點因此集中在一對新人身上，形成了配角變作主角的耐人尋味的一幕，也為電影結局留下了想像與伏線。

兩對情人在三個場景中產生了互為映照、互為對比的作用：藝旦與知識分子以說話與金錢協助與幫忙茶莊小開與妹妹，最終讓他們得到幸福與自由。他們原是站在「救人」的位置，但在救助的過程中，反而顯得個人的無能，藝旦更一步一步退到待救者的位置，知識分子甚至是接近消失。電影最後是妹妹懷有身孕，代表了擁有一個新生命，離開藝旦間便可開展新生活，而藝旦只有繼續賣藝生涯，日復一日地過尋常生活。

三、全內景的私密空間與生活細節

為了表達藝旦與知識分子兩人得不到自由的悲情，電影以全內景的空間拍攝；他們身處的場景都是室內景，尤其藝旦只在藝旦間與走廊進出。這樣的生活空間反映藝旦所受的壓迫，她抬頭不見天空，只能在有限的空間內活動。在精神與肉體上，女子都受限制、不自由、不受重視，這正是片名「自由夢」的反諷。在三場遞水的場景中，導演安排男子洗臉後坐在畫面的右面，女子則在放下水壺後坐在畫面的左面，中間沒有相隔任何東西，暗示兩人的關係親密，但其後從眼神、表情與動作，可見兩人的關係正在變化。有評論者指出「自由夢」與《海上花》的風格有相近之處，如妓院場景、鏡頭平行而穩定地左右橫移，疏離而冷靜地捕捉沈靜的日常生活、人物也沒有多少動作，構成一靜態的畫面。[4]但在平靜若無的鏡頭下，「自由夢」聚焦於各懷心事的兩個人，女的想著自己的終生幸福，男的只想為國效命。他們的感情呈現在壓抑的狀態下，不得說又不

[4] 石琪：〈《最好的時光》舒淇好〉，《明報》，二〇〇五年十一月一日，C7。

能不說的話，透過字幕，讓他們處身在狹窄的環境下交流若即若離的感情。

在首兩場遞水場景中，藝旦從動作（走到房門迎接知識分子）、眼神（眼光一直專注著他）、說話（首次問他何時到台北），都表示她對他的關心與緊張，而他除了脫帽、洗臉、坐下等生活瑣事與藝旦有交集外，言語間只談國家、革命，完全沒有提及藝旦或生活之事。由此可見，男主外、女主內的性別分野是非常明顯的，尤其藝旦的職業身分只有聽任安排、身不由己。即使她得到的贖金一百兩，也要由男方主動幫忙。在另一場同樣的侍候場景，她終於等到對方從政事轉向私事，但他只把金錢視作具實際目的的東西，相反，藝旦由物質細節想到自己身世。她看似漫不經心的暗示說話，[5]經過字幕的一層阻隔，震撼性與刺激性已大大減低，但他拒絕以眼神或其他方式回應，並以吃枇杷作掩飾。日常生活所需的食物，原本可以是傳遞感情與溝通的中介，但在這裡，一碟枇杷兩人各自吃，食物便變為阻礙或屏障，甚或是逃避感情的外在顯示。

第三次是藝旦經過上次的暗示後，大膽地向知識分子正面提及自己的終生大事。

---

5 字幕顯示這兩段話：「媽媽近日在找養女，求我多留些時日」、「原先媽媽答應，待阿妹當家，即放我贖身嫁人」。

藝旦問：「明日返家，你何時再來？」對比前次，藝旦此次的提問好像預示知識分子不會再回來，而且，也是最重要的是她提到「家」的概念。藝旦間不是他的家，充其量只算是一個停留、休息、聊天的地方，相反「家」代表了一個人的身分，甚至乎是安身立命之處。如果夫婦是家庭及社會倫理中的一種關係的話，他與藝旦之間便是不被允許、不被接納的了。對照之下，藝旦接著提問：「你可曾想過我的終身」，便顯得有點名不言順。三次相似的場景，看似是日常互相傳情達意的生活片斷，其實從開始之時已隱藏暗湧與不公平。從這方面看，知識分子的舉動是不難理解的：他再次以食物作為掩飾的藉口，不同的是，這次他還以手掩面，在逃避之外也像很不耐煩；他的動作比之前是多了，但笑容卻欠奉，電影十分形象化地揭示他不願直接面對這段感情的衝突或危機。之前說過藝旦是一位勇敢而敏銳的女子，這次她不再坐著忍耐，鏡頭集中跟隨著她，她從桌子站起來背對他哭，而在哭過後，她又立即回復原來的「工作」——張羅生活。畫面中雖然同時出現兩人，但一站一坐，互相迴避對方，映照出這段沒有交匯點的愛情故事的終結。導演不以藝旦的激烈控訴、哭鬧發狂、情緒潰崩，來終止這個場景，就讓時間與感情在他的指掌間暗暗地消逝，是很詩意的表達方式。

遞水場景是很真實的生活細節，很符合導演著重拍攝人物流露自然感情的手法，平常自然的動作能夠顯示兩人的親密關係，但從三場重複的場景中，藝旦都是獨自坐在「閨房」等待知識分子到來，可見藝旦雖然甘願冒險努力追求自由幸福，但操作權力還是掌握在男方手上。其中兩次更是由女方先說話，但男方的說話都不在回應對方的問題，而是把回應牽扯到國家大事上，對於藝旦的個人事情，知識分子大多時候沒有回答，甚或逃避掩藏。從這些零碎細微的片斷，觀察敏銳的觀眾大概已對他們的身分位置有了概略的理解，這亦不難體會導演安排畫面的用心：一方以語言逼視對方面對內心世界，一方以行動作抗衡手段，兩人即使坐在很近的距離，但心靈上卻是很遙遠。再者，經過一場又一場的侍候場面，已逐步展現她的付出越多，傷害便越大。她越是投入感情，便越顯得個人情感的落空，最後抽身離開的時候，她不但得不到半點同情，還要繼續為生活瑣事忙碌。這是女性的天賦弱點？還是個人的愚昧無知？

「自由夢」除了重複出現遞水的場景，也注重道具的作用，例如在藝旦間的鏡子。由於這是「默片」，這類小物件便有助加強生活質感。在電影中多次出現的鏡子，不但具有實際的效用——藝旦整妝、知識分子穿衣等，還是投射、反映與轉折含蓄地表情達意的工具。特別的是鏡子還有蓋布，在拉開與緊閉的動作下，是鏡子的清冷與人的體溫的觸感比對，也是二人的溫情與一人的孤寂的內心對照。每次男子對鏡整妝後便要離開藝旦，離開不僅代表了地理位置的距離，更是心靈空間的不能互相連繫，例如其中一幕，他從呈迴旋狀樓梯上往下走，並逐漸隱沒在鏡頭之下，就像他的心靈經常徘徊不定、猶疑不決，最終為革命而離去。以上都是從男主角方面分析，對於女主角來說，與鏡子有關的場面都預示了不圓滿的、不忍看的。一是藝旦從鏡中看到小女孩，二是藝旦勇敢地向對方提及自己的終身大事，因不忍直面看他的表情反應，而從鏡中觀察他的表情變化。

當她從鏡中看到小女孩時，就如回看昔日的自己，被賣、如貨品般被檢驗、被逼學藝與獻藝，沒有自我、被困在狹窄的藝旦間生活。鏡頭拍她看著鏡中模糊的小女孩形像，並逐漸變成清晰，最後盯著鏡中的她。從鏡子的折射、投映裡，藝旦進入了鏡子的虛幻世界，這個空間看似真實，她還可能錯覺自己是鏡中的小女孩，但其實一切都只是鏡花水月。小女孩的前路還有很長，而且充滿未知之數，而她的將來便是託付在一位反對納妾的男子身上，否則只有繼續現在的生活。當她率直地向鏡子說出：「我想問你可曾說過我的終身？」導演安排鏡子作為藝旦窺看他的表情動作的中介，透露出她不想正視答案，又或不想面對失望，同時間，觀眾是從畫面而非從鏡子的反映中得知「結果」（知識分子低頭不語），呈現了角色與觀眾兩個不同的觀看角度。

藝旦間沒有許多陳設與裝飾，只有盆栽、鏡子、桌子等簡單的傢具，象徵性的設計讓觀眾集中在兩人的動作與表情變化，一個狹窄的空間由此營造了豐富動人的愛情故事。「自由夢」的聲音運用也不可忽視，尤其具古典味道的南音與富現代感的鋼琴音樂，二者成為電影唯二的音效，並恰好配合新舊交替的一九一一年歷史時刻。楊元鈴與石琪都曾分析這部電影的電影語言，楊元鈴說：「刻意抹去人物對戲時的對白，以默劇的方式，穿插關鍵語句的字卡和大量的南管傳統樂曲代替話語。如果說語言反映了一個時代的社會文化，那麼『自由夢』中對聲音的禁錮，一方面呈現了殖民時代的國族分裂狀態，在日語、福建語、北京話之間，最後選擇沈默，另一方面也反映了劇中人物被囚禁的無奈青春，鎖住舒淇的一方斗室，當然是她的囚籠，受困於自己廢妾主張而不能和心愛女子長相廝守的張震，又何嘗不是無法逃避。」[6]石琪認為《最好的時光》「中段

[6] 楊元鈴：〈時光不老，年華已逝——侯孝賢的三段青春書寫〉，《印刻文學生活誌》第27期（二〇〇五年十一月），頁128。

一九一一年『自由夢』拍攝清末妓院最別致，不單公子常寫信給忠心等候的妓女，甚至全部對白都用字幕交代，文字代替言語，變成『書信體』電影。妙在不是默片，唯獨說話無聲，但有現場聲響和彈琴唱歌。用意顯然是意在言外。」[7]以上兩位評論者都提及語言、聲音與歷史在電影中的關連意義，由於本文的討論焦點不在這方面，可留待日後作進一步的分析。

四、結語

侯孝賢《最好的時光》第二段名為「自由夢」，其實內裡卻是一個不自由的愛情故事。至於片名的意思，侯孝賢有如下解說：

> 生命中有許多吉光片羽，無從名之，難以歸類，也不能構成什麼重要意義，但

[7] 石琪：〈《最好的時光》之書信〉，《明報》，二〇〇五年十一月二日，C5。

它們就是在我心中縈繞不去。譬如年輕時我愛敲桿，撞球間裡老放著歌《Smoke Gets in Your Eyes》。如今我已近六十歲，這些東西在那裡太久了，變成像是我欠的，必須償還，於是我只有把它們拍出來。我稱它們是，最好的時光。最好，不是因為最好所以我們眷戀不已，而是倒過來，是因為永遠失落了，我們只能用懷念召喚它們，所以成為最好。我有預感，這樣的片型，我會再拍個幾部。[8]

因為永遠失去，所以只能懷念，這個關係不是樂觀積極的，猶如電影的悲情結局，即使藝旦再努力爭取幸福自由，但得不到回應，最終只能把那段「最好的時光」留存心中。「自由夢」的結束部分是藝旦獨自在房中拆閱知識分子寄來的信，電影以字幕呈現信的字句，藝旦看信時的表情便因為字幕畫面的間斷，形成一暗一明的對比色彩，營造了不安的情緒、不能預見的未來。果然，知識分子把感情埋藏在信件之中，透過梁啟超之詩訴說個人感受：「明知此是傷心地，亦到維舟首重回。十七年中多少事，春帆樓下

8　朱天文：〈最好的時光〉，《印刻文學生活誌》第26期（二○○五年十月），頁12。

晚濤哀。」[9]從互文的角度而言，詩句表面上是回顧與反思政治歷史（馬關條約的恥辱），但內裡卻有意重新檢視這段愛情，寄寓了他對藝旦的深情，及對其深情的歉意。私密的信件含蓄地宣佈二人愛情的消逝，剩下藝旦撫信流淚，顯示她對過去情感的依戀與不捨。

電影兩次提及梁啟超來台之事，有關的政治想像、國族寓言等方面的議論與分析，還有待進一步查證與思考，而「自由夢」中有關「革命加戀愛」的聯想，王德威有一篇同名的論文，可作參考補充。王德威曾經以茅盾、蔣光慈與白薇為例，作過詳細的分析。他在論文中指出「一九二七年中國共產黨第一次革命後，出現在文學裡的主要症候群就是革命與戀愛」；他們「以小說作為媒介，抒發他們的革命塊壘。更引人注目的是他們不約而同，都在小說裡將愛情當作革命的象徵」。[10]「自由夢」的導演侯孝賢，在

9 此詩是《辛亥二月二十四日，偕荷庵與女令嫻乘「笠戶丸」遊台灣，二十八日底雞籠嶼舟中雜興》之二。參見梁啟超：《飲冰室文集》（第十六卷），北京：中華書局，一九三六年，頁60。

10 王德威：〈第一章：革命加戀愛〉，《歷史與怪獸：歷史、暴力、敘事》，台北：麥田出版，二〇〇四年，頁22及26。

電影中以辛亥革命為背景，描述藝旦與知識分子相愛但不能共處的悲情故事，這可能稍為不同於五四作家重視革命的愛情故事，但借用王德威論文的說法：「比起他們小說裡面所描寫的愛情故事，這三位作家本身的戀史才更引人非議、更具有革命性。」[11]在這方面，侯孝賢的政治背景比起戀史更受大眾關注。他長期參與政治活動，如發起「起族群平等聯盟」、參加「民主行動聯盟」等，[12]曾拍攝與政治題材有關的電影如《悲情城市》、《好男好女》等，這些「紀錄」都讓他成為政治顏色標籤的證明，甚至電影創作也多次被認作是其政治立場的示現。[13]在「自由夢」裡，侯孝賢雖然並不如茅盾等知識分子創作一位具革命意識的女子，但仍有評論者看出「女主角就像台灣那樣『妾身』無奈，歸屬不明。」[14]相比起文字的書寫，侯孝賢以光影與文字交織而成一個「革命加戀愛」的

11 王德威：〈第一章：革命加戀愛〉。

12 有關侯孝賢生平及獲獎紀錄等資料，可參考「台灣電影網」：https://taiwancinema.bamid.gov.tw/Staff/StaffContent/?ContentUrl=12434

13 本文開首已指出《悲情城市》的一些政治閱讀角度，參見葉月瑜：〈女人真的無法進入歷史嗎？——再讀《悲情城市》〉，林文淇、沈曉茵、李振亞編：《戲戀人生：侯孝賢電影研究》，台北：麥田出版，二〇〇〇年，頁181-213。

14 石琪：〈《最好的時光》舒淇好〉。

故事，透過聽覺、視覺等感官，為現實與虛構之間的關係，呈現另一種閱讀角度——借用他在《悲情城市》的說話：「拍攝自然法規底下的人。」[15]

「自由夢」大量的室內場景，顯示封閉的時空美學，相比外在世界的變化不斷，室內的生活場景與細節的重重複複，並不是為了展示客觀空間或實用價值，內裡隱藏主觀情感的浮動變化才是重點所在。藝旦雖然主動追求幸福，卻囿於知識分子被國事所困，兩個相愛的人，最後只能帶著遺憾重新繼續生活。在那個壓抑的時代，「自由夢」訴說的是屬於個人的感情故事，同時也是時代的悲劇。在兩者互為映照之下，不論個人如何苦苦追求自由，其實一切都只不過是一個夢，一個悲情的夢。

原刊《華文文學》第6期（二〇一二年十二月），頁102-105。

15 吳念真、朱天文：〈悲情城市十三問〉。

參考書目

書籍

王德威：〈第一章：革命加戀愛〉，《歷史與怪獸：歷史、暴力、敘事》，台北：麥田出版，二〇〇四年，頁22及26。

吳念真、朱天文：〈悲情城市十三問〉，《悲情城市：吳念真、朱天文作品》，台北：三三書坊，一九八九年。

梁啟超：《飲冰室文集》（第十六卷），北京：中華書局，一九三六年，頁60。

葉月瑜：〈女人真的無法進入歷史嗎？——再讀《悲情城市》〉，林文淇、沈曉茵、李振亞編：《戲戀人生：侯孝賢電影研究》，台北：麥田出版，二〇〇〇年，頁181-213。

報刊

石琪：〈《最好的時光》之書信〉，《明報》，二〇〇五年十一月二日，C5。

石琪：〈《最好的時光》舒淇好〉，《明報》，二〇〇五年十一月一日，C7。

朱天文：〈最好的時光〉，《印刻文學生活誌》第26期（二〇〇五年十月），頁12。

唐嘉晞：〈舒淇妓院彈琵琶〉，《明報》，二〇〇五年十月十二日，C2。

楊元鈴：〈時光不老，年華已逝——侯孝賢的三段青春書寫〉，《印刻文學生活誌》第27期（二〇〇五年十一月），頁128。

網站

「台灣電影網」：https://taiwancinema.bamid.gov.tw/Staff/StaffContent/?ContentUrl=12434

新美學72　PH0281

新銳文創
INDEPENDENT & UNIQUE

時光與想像：
電影・文學・敘事

作　　者	葉嘉詠
責任編輯	陳彥儒
圖文排版	陳彥妏
封面設計	王嵩賀

出版策劃	新銳文創
發 行 人	宋政坤
法律顧問	毛國樑　律師
製作發行	秀威資訊科技股份有限公司 114 台北市內湖區瑞光路76巷65號1樓 電話：+886-2-2796-3638　傳真：+886-2-2796-1377 服務信箱：service@showwe.com.tw http://www.showwe.com.tw
郵政劃撥	19563868　戶名：秀威資訊科技股份有限公司
展售門市	國家書店【松江門市】 104 台北市中山區松江路209號1樓 電話：+886-2-2518-0207　傳真：+886-2-2518-0778
網路訂購	秀威網路書店：https://store.showwe.tw 國家網路書店：https://www.govbooks.com.tw

出版日期	2024年6月　BOD一版
定　　價	300元

讀者回函卡

Printed in Taiwan

國家圖書館出版品預行編目

時光與想像：電影.文學.敘事/葉嘉詠著. -- 一版.
-- 台北市：新銳文創, 2024.06
面；　公分. -- (新美學；72)
BOD版
ISBN 978-626-7326-24-4(平裝)

1.CST: 影評　2.CST: 電影文學　3.CST: 文學評論

987.013　　　　113004554

求幸福齋隨筆

民初報人——何海鳴的時政評論

原著　何海鳴
主編　蔡登山

編輯說明

本書原於一九一六年由上海民權出版部出版，當時書名為《求幸福齋隨筆》。原書並無分段，亦無小標題，今重新出版新增一副書名，作《求幸福齋隨筆——民初報人何海鳴的時政評論》，並重新點校、分段，增加小標題，便於讀者閱讀。特此說明。

導讀 「棄武從文」卻附逆的何海鳴

蔡登山

他以一個文弱書生，始而投筆從戎，繼又操觚宣傳革命，辛亥革命時武漢首義有他，癸丑討袁，他孤軍據守南京二十餘日，名聞當時。後來不幸在種種挫折之後，聲光頓斂，偃蹇滬上，常為諸小報撰文為生，專談風月。他曾說：「予生二十餘年，曾為孤兒，為學生，為軍人，為報館記者，為假名士，為鴨屎臭之文豪，為半通之政客，為二十餘日之都督及總司令，為遠走高飛之亡命客。其間所能而又經過者，為讀書寫字，為演武操槍，為作文罵世，為下獄受審，為騎馬督陣，為變服出險，種種色色無奇不備。」他就是專寫「倡門小說」的何海鳴。

何海鳴（一八九一～一九四五），原名時俊，湖南衡陽人。筆名有一雁、衡陽孤雁、求幸福齋主等。他出生於廣東九龍，當七歲時，英國政府強迫清朝租界九龍半島，次年又鎮壓九龍人民的武裝鬥爭，激起幼年的何海鳴的義憤，他後來常對人說：不知今生還能重見其復為中國疆土否！一九〇六年，十五歲的他已讀畢五經四史及諸子書，下筆千言。他隻身來到武漢，考入兩湖師範禮字齋，不久因無力支付學費，改投湖北新軍第二十一混成協第四十一標一營當兵，隨後被挑選入隨營下士學堂學習。他當了兩年多下士及下級軍官，在軍隊中組織文學社，與當時新軍中的革命黨人蔣翊武（文學社社長，《大江報》領導人之一）一起，謀求推翻清朝政府。後因事洩被迫退出軍隊，任補習學校國文教員及軍操教習，並創青年學社。此時，湖北革命團體主辦的第一張機關報《商務日報》創刊，他被招聘為編輯，由此開始了報人生涯。

不久，他又跟隨蔣翊武到《大江報》任副總編輯，並兼做上海《民吁》、《民立》等報通訊員，繼續鼓吹革命。一九一一年七月十七日，他在《大江報》上發表〈亡中國者即和平〉的短評，激憤地痛斥清政府頒佈的憲法大綱，批駁改良派、立憲派分子企圖利用請願等「和平」方式來抵制革命的反動主張。認定「和平」是「亡中國」之道，是走不通的，只有革命才能拯救中國。在何文發表後九天國學大師黃侃更發表〈大亂者救中國之妙藥也〉，湖廣總督瑞澂以「言論激烈，語意囂張」及「淆亂政體，擾害治安」等罪名，於八月一日查封了報館，報紙被「永禁發行」；詹大悲和何海鳴同時被逮捕。這就是轟動一時的湖北「大江報案」。何海鳴先是被關進漢口的看守所，後因整日編戲詞大罵清政府而被押往禮智司，在慘遭毆打後，被判處死刑。在等待行刑之時，辛亥革命爆發，他被解救出獄，出任漢口軍分政府少將參謀長。

一九一三年宋教仁遇刺案發，中山先生力主討袁。據高拜石《古春風樓瑣記》，敘其事云，黃興於七月十五日入南京，稱總司令，前後僅十四日，因師長冷遹等受敵方賄買，自臨淮不戰後撤。二十八日，黃興決離寧，行前，海鳴謁黃，並說：「袁氏禍國，公為開國元功，當籌其大者重者，暫赴海外圖大舉，海鳴為激發革命士氣，擬統率所有兵力，和袁軍一拼，以示三軍將士之心，皆與公相同，惟有少數軍官不肖而已」。黃興以其志頗壯，給以萬金，叫他相機行事。海鳴便以此款發動幹部。八月八日，海鳴入居都署，再宣佈獨立，申電討袁。下午第八師師長陳之驥帶衛隊百餘人到都署，陳為馮國璋的女婿，與馮早通消息，他和海鳴素未謀面。一見海鳴，看他身材僅及中人，容貌也不出眾，對之頗為輕視，便大聲道：「你是什麼人？」海鳴道：「我何海鳴也」！之驥迴顧衛隊：「把這革命黨扣起來」！陳衛隊中不少是廣西籍，相顧疑愕，以何海鳴三字與胡漢民音相近，誤以為即胡漢民，出來後，告訴同鄉弟兄：「胡漢民是孫中山先生左右手，怎能讓革命偉人聽人宰殺？而忍心坐視」！這話一傳十，十傳百，立時傳遍軍中，時第八師兩廣籍弟兄在半數以上，韓恢見弟兄們竊竊偶語，查知其詳，便同平常和海鳴接近的那些幹部同志商量，不如將錯就錯，來發動一下。遂率眾百餘人呼噪入督署，一路喊：「釋放胡漢民」！「大家來解救革命偉人」！把陳之驥嚇得跑了，大家擁海鳴出，稱代黃興為臨時總司令，韓恢副總司令。不久，袁軍馮國璋、張勳兩部，自浦口、揚州分道渡江，把南京團團圍住，雷震春諸將也各率各部，從長江順流而下。海鳴倉卒中偕同韓恢並其參謀伏龍三個人，編整所部抵拒敵軍於堯化門，前後凡二十餘日。那辮子軍既殘且暴，張勳又有「攻下南京，任憑自由三日」之言，一個個志在必得。何海鳴孤軍獨戰，補給又感無著，直至八月三十一日，事勢已無可為，海鳴於敵軍進城時，尚匿在草堆中，想乘機化裝脫逃，後因搜查甚緊，避入日本海軍陸戰隊成賢街之駐屯哨所，至九月十日，始化裝乘日輪東渡。他後來回憶道：「癸丑秋，九月一日，金陵城破，集敗軍戰於雨花台，台陷，兵盡竄，炮彈如雨下，予憩於草地，倦極，歌聲乃作，同輩力止之，此情此景，使人不忘。」

他在日本還繼續從事反袁鬥爭，據說當時袁世凱曾懸賞十萬元購何海鳴之頭，袁世凱死後，何海鳴常以此自炫。他在《求幸福齋隨筆》中說：「流徙東瀛後，閒無一事，欲另編一項羽傳名曰《楚霸王》，以少參考書而罷。一日抑鬱甚，信口吟七律一，其詞曰：『人生如夢復如煙，明日白頭今少年。不向風塵磨劍戟，便當情海對嬋娟。英雄兒女堪千古，鬢影刀光共一天。沒個虞姬垓下在，項王佳話豈能傳？』」。

一九一五年三月，何海鳴以一介閒人身分由日本歸國回到上海。據高拜石說，在上海一段期間，海鳴和戴季陶最接近，時為黨人所營各報撰文。上海本是東南繁盛之區，聲色豪華，當時第一，開國英豪中自也有未能免俗，向此中寄情託興的。海鳴素以風流自賞，時尚未三十，且獨身，遂益無所忌憚，日久遂索性向娼門論起嫁娶了，但對季陶提起，諉說是同鄉世好，季陶信之不疑，並代為安排，約同志中眷屬作儐介。及期，海鳴所邀請來觀禮的，差不多都是北浙江路與蘇州河相近地區的所謂北里姊妹，戴先生初還不覺得，有某君者，本是「馬櫻花下常繫游驂」的翩翩年少，一見兩行紅粉，盡是老五老六小阿媛之輩，笑告戴氏，謂今日應稱「群芳大會」，戴大窘，責海鳴孟浪。海鳴大笑道：「一樣是天地生成就四肢七竅的人，何分貴賤？而且戚串中處境執業，安有盡皆相等者」？……兩人幾鬧不歡。

何海鳴自稱「予流落江湖二十年，惟妓中尚遇有好人」，因此當政治矛盾糾結難解時，「乃又復縱情北里上海一段期間」。他揚言「人生不能作拿破崙，便當作賈寶玉」。不過何海鳴對妓女還是有些同情的。早在一九一六年出版的《求幸福齋隨筆》中提出，「在世界上作人已是一件苦事，而作中國人更苦，中國人固然苦，而中國人中之女子為妓女者乃苦益無可倫比。予每一涉足花叢，必聞見許多淒慘之事，掃興而退，遂以是為畏途。嗟乎！安得黃金千百萬，盡超脫千百萬可憐之女子出火坑哉！」他還憤怒駁斥了毫無人性的鴇母領家。照她們的說法「我之妓女因我之金錢所購來者，我為資本家而彼為勞動者，是當服從命令與人交接勿厭，以飽我囊橐」。他指責「斯言也違背人道極矣！以美國解放黑奴之例言之，文明國之人尚不以異種人為奴，而自國之人乃反以同胞為販賣品，此應受死刑者也。若言資本家與勞動者之地位，則資本家應保護勞動者，工作尚有時間，應接豈無限制？似彼鴇所為慘無人理，固法律所不能許者也」。

一九二一年底，何海鳴痛下決心，從此獻身說部，鬻文為生。他將一篇倡門短篇小說〈老琴師〉寄給周瘦鵑，並附了一封信說：「我有一肚子的小說，想要做，叫世人知道我不是沒心胸的。」〈老琴師〉在《半月》雜誌刊出後，「頗得閱者讚許，即新文學家亦有讚可者。我遂決心為小說家矣！」

一九二二年八月，何海鳴參加了有包天笑、周瘦鵑、許廑父、嚴獨鶴、李涵秋等二十人組成的小說家社團「青社」。據「青社」發起人嚴芙孫後來記述，何氏此番至上海，耽擱了二十餘天，「與上海各位作家，歡然握手，大家都是一見如故。只是海鳴的外貌，非常瘦弱，分明是書生本色，哪裡瞧得出他在當年曾經掮著槍桿兒上過疆場咧。」

一九二六年何海鳴的〈老琴師〉、〈倡門之母〉、〈倡門之子〉、〈從良的教訓〉、〈溫文派的嫖客〉等五篇小說收入周瘦鵑編輯出版的《倡門小說集》，何海鳴被人稱為「倡門小說家」。論者指出，〈老琴師〉和〈溫文派的嫖客〉都是倡門小說的上乘之作。學者范伯群認為〈老琴師〉「是一篇描寫真善美被毀滅的哀歌，是一篇金錢肆意殘害藝術的血淚控訴，也是一曲老琴師用生命去抗爭那些蔑視人的尊嚴的惡勢力的頌歌。作者是用一種激越沉痛的聲音，用自己的愛憎去鐫刻的一篇力作。」〈溫文派的嫖客〉篇中文質彬彬的嫖客，不僅玩弄那妓女的肉體，還以玩弄妓女的真感情為快感，當她有了向上的心時卻無情地扼殺了她的希望。何海鳴指出，這些嫖客殘忍的程度較之流氓拆白黨尤甚，是最不人道的「心靈屠殺者」。《中國近現代通俗文學史》書中說，民國的倡門小說與清末的狹邪小說的不同就在於將歐風東漸中的人道主義精神融化到小說中去。她們不是什麼溢美或溢惡的對象，而是同情的對象。在何海鳴的倡門小說中，喊出了「妓女也是一個人」的呼聲，提出了「不能違犯人道，蔑視女子人格」，「還妓女以自由意志」的原則。

除短篇小說外，何海鳴還在《半月》雜誌連載他的長篇小說《十丈京塵》長達兩年之久。《十丈京塵》之後，又在一九二六年出版中篇小說《倡門紅淚》，由上海大東書局印行。

一九二七年春，孫傳芳以五省聯帥開府金陵，抗拒國民革命，聲言「討赤」，何海鳴受孫命，擔任宣傳事宜。之後，又投入張宗昌軍，自隳前途。一九二九年十月十五日出版的《上海畫報》有〈何海鳴潦倒瀋陽城〉的報導云：「求幸福齋主人何海鳴，固曾以文學鳴於時也，惜以潘馨航之介，而識張宗昌，而為宣傳部長……一朝墮落。宗昌失敗，何乃輾轉於青島、大連。馴至貲斧不給，袱被於遼寧日佔富士町五番地福興和木器鋪之小樓。自撰小啟，求鬻文字，其啟曰：『浮沉人海，年將四十，鬻字賣文，原我故業。況今天下承平，四民各安其生，不才既別無所能，亦惟有以鬻文字終老矣。』語意力求委婉，其遇彌可哀已。」

一九三二年，他雖還在天津的《天風報》連載他的小說《此中人》與《青黃時代》，但讀者反映不佳，甚至有致函報社要求「腰斬」的。小說創作的失敗，使他少了一條謀生之路，使得他不得不鬻字為生。一九三二年五月，他的朋友為他登出一則消息：「衡陽何海鳴先生，文名震南北，書法蒼勁古樸，似不食人間煙火，先生曩在南中，求書者踵接，雖有潤例，不過是限制也。近寓析津，知者多按舊例求書，右乃先生所寫《心經》立幅，係白宣畫朱絲欄寫《心經》全部，計二百六十字，並可題上款。有欲購求者，每紙十元（紙在內），如另書在泥金或紅色屏條，須加五元，又扇面寫此經，（金面不書）潤例六元，均五日取件。天津法租界三十一號路益安里十四號何寓。每日午後收件，先潤後書。」此時的何海鳴經濟上的拮据，可想而知了。

「九一八」事變時，中國民眾群情激憤，何海鳴在此後的一段時期，也曾連續發表了不少政論，反對日寇侵略，不料五年後，他竟出任天津《庸報》社論主筆兼文藝部長，成了附逆的文人。《庸報》原是董顯光和蔣光堂在一九二六年在天津創辦的報紙。該報很受知識份子的歡迎，在天津報界的地位僅次於《大公報》和《益世報》。日本侵略者為了達到製造反動輿論，破壞中國人民團結抗戰的目的，一九三五年由茂川特務機關指派臺灣籍特務李志堂出面，以五萬元祕密收買了《庸報》，李志堂任社長。從此《庸報》刊載的內容多為日本同盟社和日本報刊提供的稿件，其觀點完全站到了日本侵略者的立場上，《庸報》因此受到社會輿論的譴責。報社中原來留下的報人紛紛離去。此時賣文鬻字均告失敗，生活拮据又渴望過上「幸福」生活的何海鳴於是在李志堂的威脅利誘下，加入了這個漢奸報的班底。

倪斯靈的〈從辛亥功臣到附逆文人〉文中，說何海鳴「除與原《中美晚報》的岑某輪流撰寫每日社論外，還與其他漢奸文人組成隨軍記者團，配合日軍宣撫班下鄉進行宣傳，並參與組織了所謂『名流』赴日『觀光訪問』。在其一係列社論中，他不僅親筆寫文章，主張『大東亞共榮』、『中日親善』，而且還在一九三八年十月日寇侵佔漢口前，於報上懸賞徵求預測漢口陷落日期，藉以大肆宣染日軍的淫威。與此同時，作為文藝部長，他還將報紙副刊辦得像模像樣。在戰前以寫雜文、隨筆著稱的報人宮竹心，在天津淪陷後，困頓風塵，生活無著。何海鳴見狀遂連矇帶騙，邀其為報紙寫小說連載。宮為生存，只得應允。一九三八年初，宮竹心便將自題為《豹爪青鋒》的長篇武俠小說第一章送到報社。何海鳴閱後認為書名純文學味太濃，大筆一揮，遂按書中主人公的綽號，易名為《十二金錢鏢》。宮竹心見狀，心中雖怒，但未敢言，歸家後大罵其無知、庸俗，並對家人言：『我不能丟姓宮的臉，寫《十二金錢鏢》的，姓白名羽，與我宮竹心無關。白羽就是一根輕輕的羽毛，隨風飄動。』這便是民國著名武俠小說家『白羽』之筆名及其成名作《十二金錢鏢》書名的來歷。此小說在何海鳴的策劃下，於一九三八年二月在《庸報》連載，旋即引起轟動。」

一九三八年，日寇為了加強對輿論的控制，在天津一面取消了《大公報》、《益世報》等半數以上報刊和所有私人通訊社，只保留《庸報》、《東亞晨報》、《新天津報》等幾家報刊；另一方面糾集剩餘各報負責人及編輯、記者，組織「天津新聞記者協會」，內定何海鳴為偽「記協」理事長。

何海鳴在一九四三年的《文友》第二期上發表〈文友的大地域性〉，為日本搖旗吶喊地說：「在今日，這種王道儒道，以及以文會友的地域性，是更需益加擴大了。……今《文友》問世，便恰好先在中國盡其這種使命，以文會友，先集結成中國同志，對復興中華保衛東亞視為一件事，同作文化上貢獻的努力。……共同弘揚王道儒道，相偕對大東亞大地域與世界全域以邁進，吸收更多大東亞與世界的文友與同志，以實踐大同的理想。」一九四四年的《文友》第二期上他還發表〈中日同盟論〉，積極鼓吹大東亞同盟的謬論，他說：「我東亞軸心諸國，如此中日的訂立同盟條約，以及推廣此盟式於泰國、滿州國、新近獨立的緬甸、菲律賓等，締成東亞大聯盟的廣泛局面，相盟約於各愛其國、各愛其鄰，共愛東亞，共討英美，以推行我東方的王道，建立大東亞共榮圈，展開明朗的新天地，進而有助於八紘一宇四海一家的世界大同，是這一種的盟會，完全以世界人類的正義是宗，東亞的道義是尚，開古來諸侯盟會中未有的先例，以天下為公，以道義主盟，給示與今世的霸道舊國際以一種教化與良模，那真是東方古王道破天荒的得以實現於世，允為古今唯一的幸運了！」。又說：「事變以來，一般抗戰者，輒欲以日方先撤兵為前提，茲盟邦簡單明瞭說在中國境內全可撤兵了，且不但撤去這次事變所派來的兵，甚至於根據庚子舊事的撤兵權，亦一概放棄，便連什麼華北特殊的惡性宣傳，也從此可一掃而空了。……大家須要另注意到反軸心英美方面，……處處要佔據什麼軍事根據地與空軍據點，自命為國際憲兵，……他們肯輕鬆說過半句不駐兵的話嗎？」。

一九四〇年日本在太平洋戰場上陷於不利地位，不得不壓縮後方的開支，集中力量支撐戰局。一九四四年採取了華北報紙統一管理的方案，在北京成立《華北新報》，其他城市成立分社。一九四四年四月《庸報》也被改名為《天津華北新報》。由於日方各派係之間的相互傾軋，何海鳴被日寇遺棄了。

不久，他遷居南京，深居簡出，閉門思過，在這一時期他寫了不少考據的長文，如〈猴兒年說猴〉、〈三六九說〉、〈神道之火與民生主義〉、〈中國鞠躬禮〉、〈中國的數字談〉等，他又恢復了賣文為生的生涯。他在一九四五年初，開始撰寫回憶錄《癸丑金陵戰事》，但未及完篇，於一九四五年三月八日在貧病交加中死去。他以辛亥革命的功臣，後來棄武從文，成為小說名家，但晚年卻投敵，成為附逆文人，旋又遭日寇遺棄，在抗戰勝利前他就貧病而死了。

二〇一七年八月

序言

何海鳴

或曰以求幸福齋主人之筆，在曩年報界中學悍婦罵街以醜詆當世之人，尚不值大雅之一哂，近復放蕩怪誕，摭拾詖辭浪語，作隨筆數卷，既非衍述舊聞為小說家言，又非引經證古、鉤玄提要，別陳奧義以自炫其宏博，徒為醉翁口沫，信口開河，果何為者？是亦可以休矣。主人曰：客焉知者，予之作固異於他人之作也。夫筆記雜綴之書，自漢魏迄於近代，求其目於四部蓋累千萬種，悉談神怪、記載野乘者比比皆是，甚至一事之微，輾轉抄襲者數十家，毫未參以真見解、真意義於其間，徒以補白，是誠何苦？縱云古人之作未可一概抹煞，其間新奇賅博足資談助而增知識者固自有之，然後來之作總以不因襲前人之唾餘，拾取目前之瑣屑為當。予不文，且不思以文炫世，何能如客所云引經證古、鉤玄提要以自示宏博？縱能宏博矣，而引經證古又未必即為有用之書，故予乃不此是圖而求其次。然又欲如客言勉為小說家言，自問亦能妖嬈作態，與人爭一日之長，但非初心所願；必欲糜肉調飴作胡同中餛飩，令市人大遂其嗜欲，鼓腹而去，又竊自醜，故予乃終寧為予之不倫不類之詖辭浪語而無悔焉。況予之志不在著作也，竊自入世以來，造化小兒恒與予以不堪，心緒愈惡劣，性情愈冷僻，見人恒寡言笑。然予腦海中固嘗積存有許多之妙想，有時與契友談心，傾其肝膈，又嘗有許多之妙語發現於無意之中，事後漫難記憶，似覺可惜，故泚筆記之，藉存其稿。後徇《愛國報》社記者之請，出其稿刊之以填篇幅，讀《愛國報》者既閱予稿，乃竊竊私議，謂此寡言笑之某某乃有風趣如是。既驚其怪，又訝其不似，遂紛紛請予付刊，冀與多人共見之，故予此書遂殃鉛槧。閱者閱此，原不必問其體裁奚似、內容如何，視為予個人之談話可耳。予無狀，與愛我之人不相見者二年於茲，今茲購閱予書，必愛我之情甚摯，急欲聆予近來之談吐何若，故於此作亦遂盡情而談，不懼人之譏評，蓋深知人必不以文字之陋劣罪我也。齗齗於答或問又胡為者？惟邇年聰明英銳日就頹喪，出言淒惻，不無可悲，而斯世斯時又僅以波辭浪語對人，亦終覺可羞耳。

民國四年八月十五日求幸福齋主人自序於上海客次

目次

獨愛項羽

予於古代英雄豪傑獨愛項羽，幼時作《項羽論》極得塾師稱許。流徙東瀛後，閒無一事，欲另編一項羽傳名曰《楚霸王》，以少參考書而罷。一日抑鬱甚，信口吟七律一，其詞曰：「人生如夢復如煙，明日白頭今少年。不向風塵磨劍戟，便當情海對嬋娟。英雄兒女堪千古，鬢影刀光共一天。沒個虞姬垓下在，項王佳話豈能傳？」詩成無題，即以〈佳話〉題之，自誦數遍，不覺狂笑，又復大哭。閱數日復閱《鄭板橋集》，〈巨鹿〉一首中有句曰「項王何必為天子，只此快戰千古無」，又云「何似英雄駿馬與美人，烏江過者皆流涕」，快人快語，先獲我心。

關羽天人也

人謂關羽天人也，予曰項羽亦天人也。許獵欲殺，華容則饒，人謂關羽把阿瞞作小兒，然則鴻門宴中項羽又何曾正眼覷劉亭長來？況大丈夫做事，不凌弱、不乘人之危，竊知千軍萬馬中槍對槍、刀對刀，項羽與關羽均能把劉邦、曹操殺卻，鴻門、華容，劉、曹已成俎上之肉，殺之無丈夫氣，論交誼猶其次也。

何必勸項羽學勾踐乎？

七十二戰戰無不利，一旦喪卻八千子弟，何以為情？項羽之死不得已也。勝得敗不得自有一種可取處，何必勸項羽學勾踐乎？

劉邦之奸巧

烹其父所以脅其子之降也，子無不愛父，以己推人，人當以此降我，此項羽之近人情處也，不得謂曰殘忍。「幸分我一杯羹」，此為亙古最不近人情一句話，虧劉邦道得出口，然如此愈足以見項羽之可愛。嗟夫！國人讀史專崇拜一種奸巧陰鷙之小人為英雄，予欲大哭！

拿破崙為失敗英雄

人無不崇拜拿破崙者，予亦然。但予之評論拿翁，獨取其最後之一敗塗地，此中亦自有說也。蓋拿翁如能席捲歐洲為全歐之主，或保其法帝之位以終，後之人亦不過照例恭維幾聲聖武皇帝，無甚特趣，反不如為一失敗英雄，使千萬世人唏噓感歎也。

拿破崙一生愛國

日本肝若海軍中將有拿翁會之組織，曾編輯拿翁全傳都八冊，第一冊為拿翁少年時代，第二、第三以及五、六、七冊則分記征普、征俄諸戰史，而拿翁之豔史亦另刊一編，惟第八冊則名曰《失敗之拿翁》。予亦曾發一癡願，欲譯其全書，但須顛倒其秩序，以《失敗之拿翁》一篇冠全書，並贅以己意聊當短序。其意則略謂，以英雄如拿破崙而猶失敗，則世之不及拿翁萬一而妄思推翻共和、恢復帝制者可以猛省，且拿翁所為均由愛法國一念發生，非徒逞專制之威，雖專制何傷？世無拿翁，徒使黃口小兒、齷齪鄙夫妄自尊大為專制魔王，亦國之羞也。

拿破崙之精神

英小說家柯南達利撰《遮那德自伐八事》一書，其述拿翁舊將遮氏之言曰：「自拿破崙出，日鞭撻全歐沉酣不勇之民，使領受勇武之教訓以去。久之技成，遂背其師恩轉群驅拿翁於荒島，歐之人待拿翁薄也。」予曰：今二十世紀之歐人猶保守其武德勿衰，且有如火如荼之勢者，均拿翁所賜也，不可忘。

不以成敗論

成功與失敗雖為二事，然同有一種性質，則事之歸束是也。既有歸束，總算是了了一件事。人生數十年能了一件事便足，又何必在這成功、失敗上計較一時之短長？西諺云「失敗為成功之母」，含有勸勉之意，其意固甚善，即中國數千年抑鬱不平之士所常詆之成敗論人一語，亦何嘗盡錯？夫成敗論人雖不滿意於敗者，然敗者終尚有可論之資格，且可論之中尚有許多感歎之聲，較之老死牖下沒世無聞者如何？故人生在世終須作一件轟轟烈烈之事，不論成敗。成也固是可喜，即失敗亦未嘗不驚動一時，項羽、拿破崙之故事可以風矣。

人生必多尋事作

有一新問答曰：既知要拉屎，又何必吃飯？予戲應之曰：因為要拉屎，所以才吃飯。又改其句曰：既知終要死，又何必想活？則當答曰：因知道要死，所以更想活。更又改其句曰：人生不過數十年，何必多尋事作？則又當答曰：因為人生不過數十年，所以必多尋事作。

曹操殺呂伯奢

《稗史》載曹操殺呂伯奢事，人讀之恒惡曹操之不義。夫曹操殺呂，證之者陳宮耳。苟當時無陳宮，事後曹操自道當如何？後之人泚筆記之，又如何？予於此忽另觸憶一事，則漁父及浣紗女沉江之事是也。稗史載伍員奔吳，漁父渡之，伍囑其為彼諱，漁父沉江自明；後員又乞食於浣紗女，亦嚴囑之如前，女亦沉江死。夫漁父與女之死孰見之？不過出於伍員之口，苟曹操當日無陳宮在側，詎不能以漁父、浣紗女擬呂伯奢而謂其全家自殺耶？伍員報父母之仇而覆父母之邦，千古忍人也，漁父、浣紗女或實由彼手刃而死亦意中事也。一段糊塗公案，數千年無人敢道破，徒使後世侏儒摭拾一二人人共知之事異口同聲加以唾罵，與吠聲吠影何異？又何怪奸雄齒冷。

能容小人方成君子

凡治小人不可為已甚，天地間有君子必有小人，能容小人方成君子，此某先哲之格言也。雖忘其出處，予嘗引此為誡。然予性過烈，每一怒輒痛詆人不能自已，事後又自悔，真莫奈何也。歷代許多權奸，在當初未嘗不思作一個好人，偶有小過，一般自命忠良者必群詆之以為快，人非庸懦，焉能盡忍？一不作二不休，遂真造就一個大權奸矣。抑忠良之福乎，抑國家之福乎？

血性男子

剛毅之夫，苟有大忿必倒行逆施而不顧，如伍員之覆楚是也。新劇家劉藝舟編《石達開》劇本，其中有搖板六句云：「一霎時流熱血乾坤遍灑，說甚麼共生死同保中華，到如今才知道人心險詐。兄王呀（哭楊秀清也），大丈夫顧不得破國亡家，叫人來你與我南京攻打，拿著了狗奸賊定要殺他。」淒涼悲壯，得未曾有。「顧不得」三字有許多血淚隨之迸出，足見人受激刺甚深，一念之中幾無論何種驚天動地之事均能做出，惟能持久者始為陰鷙之人，否則事後猛省，得罷且罷者，終不失為血性男子也。

蘇軾作〈戰國任俠論〉

蘇軾作《戰國任俠論》，其首段略謂：春秋之末，諸侯卿相皆爭養士，如田文、黃歇、趙勝等均皆有客六七萬人至三千人不等，當倍官吏而半農夫，然六國之所以久存、秦之所以速亡者在此。次段略謂：智、勇、辯、力之四種人皆天民之秀傑，類不能惡衣食以養人，皆役人以自養者，故先王尚分天下富貴與此四者共之，以求民靖。六國之君虐用其民不減始皇、二世，然當是時百姓無一人叛者，以凡民之秀傑者多以客養而不失職，其椎魯無能力耕奉上之人雖欲怨叛而莫為之先。始皇初欲逐客，以李斯之言而罷，故並天下既帝之後以客為無用，於是隳名城、殺豪傑，民之秀異者散而歸田畝，向之食於四公子、呂不韋之徒行將安歸？夫縱百萬虎狼於山林，饑之渴之而欲其不噬人，孰謂始皇為智乎？金聖歎批公此文曰：「妙絕妙絕，誰有此識？誰有此膽？」予讀此文於佩歎之外而別有所慨，蓋今之世，類不能惡衣食以養人，皆役人以自養者之甚多也，即不才如區區亦是此中一人，可愧也。然今之智、勇、辯、力之人悉已為二千年後之祖龍擯之逐之以鳴得意，祖龍之亡亦可必矣。

談艷情小說

文人作風流小史，其述豔情也，盛述才子佳人之如何戀愛，如何盟心，如何而得成神仙眷屬，使人豔羨不已，然成眷屬之後則無可記述矣；其述哀情也，亦歷言青衫之如何薄福，紅粉之如何薄命，甚至哀不顧身同為情死，然一死之後則又無可紀述矣。予於此恍然大澈悟、大解脫，敢告普天下善男善女、一切眾生曰：情場中有眷屬與情死之分別，其表面之哀樂雖異而精神上有相同之點，則情之歸束處是也。成眷屬是一種歸束，同為情死亦是一種歸束，有歸束則向者所用之情為有著落，有著落則無負向者所用之情，此心可以安矣。故予曰情死者之愉樂與成眷屬者無異也。有不解予言者，予更為引申其說。

茲試執有情人而問之，情之一字對於所愛之人而發生乎，抑專對婚姻夫婦之名義而發生乎？竊知世無此奇特之人，日倡言於眾曰：我近日嘗思娶婦嫁人不能自禁也，即有之亦決不能憑空談到情字上去，是情之一字固明明對於所愛之人而發生者矣。男女相愛出於天性，因男女各有相愛之人而世間復有此相沿之婚姻制度，故始有此婚姻之希望。此希望固由愛情發生，先有情而後有此希望也。希望婚姻就其精神言之，則希望此萬縷情絲得其歸束是也，苟專為婚姻夫婦之名義而用情，則一人之事不諧，天下美男子、美婦人尚多，又何必戀戀於一？彼戀戀於一者，情也。萬縷情絲飄散空中，尚無歸束，此為人生最苦之事，故齧臂盟心之佳偶，當其將成眷屬而未成眷屬之時，其心患得患失苦也，幸而事諧矣，成眷屬矣，竊知其雙飛之夕必切切私語曰：「郎不負儂，儂不負郎，今而後終身之事定矣。」定者即可樂之處也。苟婚姻之事不諧是萬縷情絲未能於此種歸束處歸束之，俯仰天地，此身竟無處安頓，其苦如何？於是而大澈悟、大解脫，約同為情死，當其偎抱待死之時，竊知亦必切切私語曰：「郎不負儂，儂不負郎，此生之事止於此矣。」止者亦可樂之處也。否則人孰不畏死哉？故予曰情死者之愉樂為可貴也。

予再就其可貴之點加以斷語曰：情死者具有真正之愉樂，亟言之即無上之愉樂是也。予前云作豔情小說者，每至結婚後即止，譬諸偵探小說述名偵探獲一奇案，未嘗不動人心魄，然案破後書亦收煞，此後偵探每日如何在宅吃飯睡覺，匪特無可記述，即強記之亦索然無味也。然予又嘗見一種說部，亦敘一雙夫婦成婚後偶相猜疑，或用情不終，卒至分析離散，成為怨偶，及其結果也，猜疑俱釋者、破鏡重圓者固亦曾有，然已飽受磨折，備嚐情海中之痛苦矣，其不幸者或至覆水難收、琵琶別抱，甚至於演成流血之慘劇，大傷天下癡男子、癡女子之心。推其禍原，則皆婚姻制度之為害也。若彼情死者一死之後已脫地獄而升天堂，精魂不昧，在天為比翼、在地為連理矣，決不致有波折變故之發生。故將死未死之時，此萬縷深情已證明為神聖的、永久的、不變的，故予曰此愉樂乃無上而可貴也。

人生不能作拿破崙，便當作賈寶玉

狂奴無狀，嘗於酒酣耳熱之餘倡言於眾曰：「人生不能作拿破崙，便當作賈寶玉。」一侏儒、鴨屎臭聞而大駭，爭於拿、賈二人之事實，齗齗辯論，使人作嘔。雖然，曾幾何時憂患逼人，狂態已不能復作，且數年來聰明英銳亦漸消磨頹喪，是可悲已！

心之所安

初出世之少年人人俱是一個完人，無奈此種完人在現今世上行不去，動輒受人欺凌。當初以己待人何曾識得，及漸知之並有戒心矣，遂亦與世浮沉，領會得一切欺詐之手段，聰明人又以小才小智繼之，遂不覺成一老奸巨猾為社會之蠹，而且自鳴得意。即偶或有一種天性厚、根柢深之人，心中老大不以此為然，然除卻避世厭世外實無他法自處，遂亦不得不已稍出些許手段對付世人，然問心終覺不安，且日日以假面示人，毫無絲毫天然之樂趣，行屍走肉，生不如死，那還有心向前做事？哀哉，哀哉！雖欲不厭世而不可能也。予抱此感想甚久，繼忽大澈悟，人生數十年原是逢場作戲，但生著時總得生得暢快，明知世界齷齪亦何必硬生悲感？混到幾時便是幾時，惟求此身之暢快計，終須行其心之所安耳。立定腳跟、打定主意與世人交接手段，無論正奇皆可出之，但「心之所安」四字要時常自己捫心想想，有無錯謬。苟無愧天良，斯為真安，世上行得去否非所敢知，惟我總如此行去而已。

何必作痛哭流涕之賈誼

人人說國事不可為，我亦說國事不可為；人人說某事某事已無希望，我亦說某事某事已無希望；人人說生著無味不如死，我亦說生著無味不如死。然而誰肯無緣無故即行自殺？雖說生著無味，總須尋點有味之事做做，國事雖說不可為，某事某事雖說已無希望，除卻此事無事可做，只好不問成敗利害，一步一步作去。倒嗓子藝員唱二簧，唱到那裡便是那裡，成也不過是消遣，敗也不過是消遣，又何必想死？又何必作痛哭流涕之賈誼？又何必學不近人情、沽名釣譽之隱居名士，硬著心腸去嘗孤風寂味？更何必學按捺不住塵心勃勃之空門禪士，口淡得出水來，自討苦吃？

和平亡國

辛亥夏，余在漢口以《大江報》事與余友大悲同繫獄。余之罪名即因某日報上有余一短評，標題曰〈亡中國者即和平〉也之故。詎料今日中日交涉完結後，和平亡國之聲浪乃遍傳於人口，是當曰不幸而言中。

君子與小人

從古以來，小人不獨為小人，故其援益眾；君子每獨為君子，故其類益孤而遇事都不可以有為。憂時之士每歎君子道衰、小人道長，殊不思君子之道是否獨善其身亦是兼善其國？如為一人計，眾人皆醉而我獨醒，則不妨自藩其籬，獨為君子。如為大局計，則為君子者須知善惡之途間不容髮，身為君子與小人原相隔無幾，況為應守之道且亦尋常無奇，良不必清高自得，力拒小人以自鳴而反坐實許多小人、養成許多小人也。予讀史於歷代黨禍，對彼齷齪小人自應痛恨，惟所謂清流者予亦良不敢多有所褒。蓋凡國家大務非一人之力所能及，惟恢宏闊達之士不斤斤於尺寸之節而能盡破門戶拘攣之習，深沉不測中智勇形焉，故能運用大勢而成大功，非彼自命清高者所可望項背也。

性惡性善

清儒包世臣曰：「荀子言性惡悖於孟子，此實由末俗陵夷，致荀子激為此言耳。其言曰：『人之性惡，其善者偽也。』偽即古為字，言性善由於人為，即孟子言擴充之義耳。」偽為之義頗新奇，又似平淡，然足以為荀子釋冤矣，此為善讀古人書者。

緣何亡國罪西施？

腐儒、假道學戒後生輩勿好色，甚至痛詆女子為不祥之物，歷舉人人共知之妲己、褒姒亡國妖孽以為戒，推其用意幾欲使世人均不親近美婦人，即對嫫母、無鹽亦當正言厲色。但世界不可無人類，人類不可無男女，女子中尤時時有絕色者點綴其間，既不能投諸四夷使盡作出塞之昭君，又不能定為厲禁使永為不嫁之女尼，則男子之親近之也又焉能免？即腐儒之父若母，固亦男女交合而始有腐儒，既痛詆女子為不祥，復厲責男子勿好色，則當初腐儒之父若母豈不大多事，為腐儒所不取者乎？況母亦女子，女子不祥即罵其母也。父不好色必不娶母，不娶母即不生兒，以男子好色為罪是又罵其父也！詆其父母又豈《四書》《五經》中所有哉？且中國女子無能力、無智識，可憐蟲也。男子既視為玩物，復又痛斥此玩物之迷人心志，是豈玩物之罪哉？即以褒姒、妲己論，明明係紂、幽無用，自亡其國，胡可罪及女子？且自古英明之主亦未嘗不有姬媵數人，而〈關雎〉一章尤盛述君王好色且豔稱后妃之美，胡又引起後人之歌頌？予深為妲、褒等抱不平，嘗作〈西施〉詩四章，有一絕云：「十年生聚任人為，有土有民不教之。自是夫差無大用，緣何亡國罪西施？」為西施呼冤，即是為千古許多公認不祥之女子呼冤也。又時人章某詠息夫人有句云：「無言便是吞聲哭，一死何須責婦人。」亦是善體諒女子者。

成敗不可測也

《離恨天》小說，法盧梭友人森彼得原著，閩人林琴南譯之。此書多寓哲理，有句云：「果人人能知後來之事，孰則更願長生？但使後此有未來之不幸為我前知，則憂煩顧慮之心寧何時息耶？果使禍事未來之前克日知其必至，則未被禍之前數日又何有寧貼之日？故凡事以不推測為佳。」達哉是言，予前者所云成功失敗亦寓有斯意。蓋做事苟可問成敗於未做事之先，則亦無寧貼之時而事終不可成矣。惟於失敗上不看得透切，終不能不顧慮憂懼。予故進一步立說，欲世人看透此中奧理，俾自然趨於寧貼之途也。

李涵秋《廣陵潮》是奇書

近來小說家爭稱林紓，然林僅以善譯名，而人之喜閱者又在愛其文筆。予竊謂林氏仍只能稱文學家，或曰古文學大家。蓋借材於西人小說而貢獻其研究古文所得之墨滴也，其能稱小說家者仍以無聞達之李涵秋為合選。涵秋所作《廣陵潮》真為吾國數十年來小說界中一部奇書，不能與《紅樓夢》、《水滸》並論，蓋各有各的好處，《廣潮陵》之妙點亦《石頭記》、《水滸》所無也。遑論其他，即自作二字亦遠在林紓之上。雖然，《廣陵潮》所露布之《大共和日報》乃為上海倒數第一之報，予看一份《大共和報》即專為涵秋之小說，想抱此觀念如予者必更不少也。

才子佳人

自古才子必悅佳人，佳人亦必悅才子。不悅佳人者固決非才子，然則不悅才子者亦決非佳人。蓋佳人所悅者始為才子，才子所悅者始為佳人，世無佳人焉知才子？世無才子又誰悅佳人者？一歎！

林述慶克復金陵

林述慶克復金陵而南京政府論功不與，林且辭去鎮軍都督，垂釣閩江，後走京師，以暴疾終，說者謂為袁政府所毒，果如是，袁之待林勝於孫、黃也。蓋世之稱知己者，其最則憐其才稱譽之、援引之，其次則深忌其才而必欲殺之，其最不能堪者，視其人無足輕重，其人自生自死自貧賤且老於天地之間一不介於胸中也。魏相公叔瘞薦公孫鞅於惠王，謂：「王若不能用，必殺之。」鞅曰：「王不能用臣，又安能殺臣？」夫天下能殺才士之人即能知才士之人也，孫、黃之對林，豈非與其以最不能堪而勿介於胸中者乎？袁初欲用林，繼知其不為己用，遂毒殺之，其手段雖辣，然可謂知林矣。林述慶地下或聞予言而失笑乎？雖然，予之記此乃本於林琴南所著之《金陵秋》小說，此又一可讚歎之事也。

林琴南著書報答林述慶

《金陵秋》小說，作者署名曰冷紅生，林琴南初譯《茶花女遺事》，亦署名曰冷紅生，故知為林之手筆。其自敘其緣起曰：「冷紅生者，世之頑固守舊人也。革命時居天津，亂定復歸京師，杜門不出，以賣文、賣畫自給，不求於人，人亦以是厭薄之。一日，忽有投刺於門者，稱曰林述慶，請受業門下。生曰：『將軍非血戰得天保城，長驅入石頭者耶？』林曰：『不如先生所言，幸勝耳。』生曰：『野老不識貴人，將軍之來何取於老朽？』將軍曰：『請受古文。』（中略）如是累月，將軍每數日必一聽講。已而忽言將軍以暴疾卒矣，生奔哭其家，幼子甫二歲，夫人縞素出拜，以將軍軍中日記四卷見授，言：『亡夫生平戰跡悉在其中。』讀之文字甚簡樸，生告夫人：『此書恐不足以傳後，老朽當即日記中所有者編為小說，或足行諸海內，以老朽固以小說得名也。』既送將軍之喪南歸，夫人於鐵路尚嗚咽請速蕆事，生以經月之功成此書（中略）。嗟夫！將軍之禮我，較諸邢恕及耶穌門之猶大相去萬萬矣。」

林氏之作此書，全關係「將軍禮我」一語，蓋所以報知己也。世道日衰，論友者鮮有始終，觀於此可以風矣。彼林訹慶者，其禮文人而請為弟子，其意當不在是書之編刻，惟夫人嗚咽以請，又似聞諸亡夫生前酒酣耳熱之餘，扼腕而歎曰：「世不識英雄，予惟願得文人傳吾事實於後世，增後人感歎耳。」故夫人遂以是請而林亦有是作，二林均可人，此作尤可感歎，較之無行之文人假筆墨阿諛權勢，如劉師培之請開方略館者，相去奚啻天壤耶？商務印書館刊此書諉為代售，尤足見琴南之煞費周旋，其報故人也可謂至矣。

小說家如何描寫女人方是妙筆

金聖歎曰：「寫女郎寫來美是俗筆，寫來淫是惡筆，必要寫來憨方是妙筆。」又：「寫女郎憨，寫女郎自道憨是俗筆，寫女郎要人道其憨是惡筆，必要寫女郎憨而極不自以為憨方是妙筆。」今之小說家誰解此者？

紅娘傳書是憨者

女子中何以有稱美人者？美人又必具何要素？予斷言曰：「憨也。」未有美人而不憨者也，如徒求外觀則天下妖姬多矣，美人之稱又何足貴？讀小說至《紅樓夢》，絕無有心許王熙鳳為美人者，即是理也。又如《西廂記》寫紅娘閱書者，每注意紅娘而少注意鶯鶯者，亦是紅娘傳書遞簡不知為著何來，而自又不知其憨也。

美人汗香乎？

天乍熱矣，偶吃飯、睡覺、寫字、作生活必汗出如雨，染衣際經日不洗必發奇臭。偶思豔詞多言美人之汗為香汗，同一汗也，我汗臭而美人之汗香，誠大奇事。然我乃不信其有此，焉得縱身美人懷中，一聞之而定其或香或臭乎？如其香也，則不妨廣延許多美人閉之深室，使出汗如瀋，盛之以瓶，不亦可代香水精而可售諸市乎？此言也大殺風景，聊以博笑。

拿破崙亦擅為文

海上小說家吳門瘦鵑曰：一九〇九年英國《庇亞生》雜誌「耶穌復活節大增刊」卷中乃有拿破崙作之短篇小說一篇。按拿破崙本科西加望族，至其父身始賦式微，迨法國革命家毀，拿破崙乃發憤著書，冀以文學名於世，藉以振其家聲。其所著有科西加歷史一卷，凡三易稿而成，又科西加小說一卷、短篇小說若干種，詩數章，文多首，都為二十歲以前手筆，而文名寂然，人鮮稱道。歷史未付刊，小說未脫稿，惟其文及短篇小說偶散見一二。

夫拿破崙於橫戈躍馬以外復能操觚為文，真為罕聞之事，其所作〈幕面之先知〉一篇著時為一七八七年，刊時為一八一二年，文體似仿大文豪福祿特爾氏，瘦鵑譯之，易名為〈同歸於盡〉。略述阿拉之舌士起兵與回回教王爭，累戰累勝，一日戰失其一目，後遂敗，剩殘軍一支處小危城中，以神語詔眾掘井，井成，以毒酒宴眾盡死，一一投之井中，己亦尋死。其文要自可傳，姑勿論其用意。予惟歎拿破崙以蓋代雄傑，當其失路時亦嘗作以文自見之想，可見實非其願，乃無聊而不得已也。天下文豪多矣，其中多傷心之人、瑰奇之士，使盡為文豪以終，是豈真正文豪所願者耶？晚近英雄斂跡，有心人復抱悲觀，乃相率為詩文小說，坐談風月以自遣，鶯花不管興亡恨，是亦更可悲矣。

孔子假公以泄其私忿

孔子一生惟談仁義，然其生平所做事乃不能符其言，如殺少正卯尤為最不講道理者也。子貢曰：「夫少正卯，魯之聞人，夫子誅之，得無失乎？」子曰：「人有惡者五而盜竊不與焉，一曰心達而險，二曰行僻而堅，三曰言偽而辨，四曰記醜而博，五曰順非而澤，有一於此則不免於君子之誅。」夫君子之誅當作誅心論，遠之可也，豈君子必以殺人為能事乎？史又言少正卯與孔子同時，孔子之門人三盈三虛，孔子為大司寇，戮之於兩觀之下。是明明孔子與少正卯爭門人之多少，因為少正卯所敗遂懷忿恨，及為大司寇遂假權殺之也。縱事後善於文過，謂少正卯有五惡，然此五惡不成罪名，供君子之筆誅則可，供大司寇之按律懲辦則無此律法也，如在今之世是曰違法殺人，且原因於黨爭，假公以泄其私忿，當不能見直於人矣。嗟乎，少正卯當從何處呼冤哉！

孔子攜其黨徒周遊列國，勞碌一生而不能行其志，頗似高等流氓四處撞木鐘，思之使人失笑。然其干祿之心、躁進之念亦是賢哲所不取矣，幸而孔子不得志於其時耳，苟多作幾次大司寇，則所殺之少正卯當更不少，而孔子一生之私忿亦當泄之勿遺。幸哉！孔子之不得志於其時也。

致友人信函

昨致人一函云：予嘗對客言，今之人不戴面具決不見親友、不出大門，甚或自睡夢中醒亦亟取此不可離之面具對其妻孥，大千世界乃盡為此面具獵逐之場，我廁身其中畏而生厭。及見足下乃得與面具裡面之人談話，或作兩句歪詩，或吃幾杯苦酒，或高談闊論、想入非非，上無古人、下無來者，真栩栩欲仙，其樂無窮，妙人哉足下也。自是君自有仙骨，願為足下誦之。予素有癡病，亦具童心，早年雖孤僻不群，然於心頗自適。金陵一役驟負虛名，其實乃自加以韁鎖，於是須矯作英雄，勉為豪傑，口非政治不談，行非革命不動，且非如是不足取悅於人，而且來友朋之怨望之勉責，天然樂趣剔削殆盡，再加之以同室紛紜，人心反復，愛我者多情不可卻，偶親於此則疏於彼，為防怨語從事調劑，於是又須少籌對付之方，聊盡敷衍之道，研究聯絡之法，強為鎮定之容。有時神經過敏，忽然驚懼，既虞排擠又防暗算，輾轉反側，數日不安。繼又念國家將亡，匹夫有責，負茲宏譽何以圖救，及時不起使人笑罵，口呼負負，日夕彷徨。嗟夫嗟夫，如猴兒帶紫金冠、著大紅袍，頸繫一鏈在人手掌，忽受命跳舞於廣場中，其苦乃不可以言狀，旁觀之人不知猴苦，以為猴乃帶冠著袍至為榮幸，群加笑謔，或用指摘，應接不遑，縮地無術，遂使二十餘年聰明英銳消磨頹喪。既以自憐，又以自笑，朝來細雨打窗，捲簾納涼，心脾爽然，如曩昔對足下時。呼僮煮茗聊以當酒，茗熟心事乃如泉湧，拉雜書之，寄塵足下以當下酒物，或不至碎以覆瓿乎？書訖擁衾而臥，終日無言。至六時，家人又以《愛國晚報》進，噫！

王金發不矯作

王金發已槍斃於杭州模範監獄，說者謂王作紹興都督者數日，括民財及百萬，以巨金購宅海上，額曰逸廬，娶名妓花小寶貯其中，平日呼么喝六，作牧豬奴戲，折資無算，今死於非命，宜也。予曰：辛亥之秋，作都督司令括民財者夥矣，詎止一王金發？顧皆如守錢奴著破學生裝，佯為窮措大以示人，無豪於王金發者。王尚有本色，以儻來之財縱情於賭，一擲萬金無吝色，又經營私第、娶名姬，學為風雅，絕不諱其有錢。諺云：「非分之財，水裡來水裡去。」王似看透此理，及時行樂，適其所適，毫不矯作向人，予有取焉。

張丹釜善罵人

海上報館先生之善罵，當無有過於張丹斧者，予亦自歎弗及。癸丑秋，予在金陵，張一再以冷語載諸《大共和報》罵我，至謂我命中註定一個逃字，其言清脆，盡其罵之能事。或戲問予：他日當何以報其人？予曰：當置之清客之列，使其日作二三百字罵我，愈俏愈妙，倦時讀之可博一笑，亦衛生新法也。

英雄不失赤子之心

拿破崙曰：「凡屬英雄，每日必作小兒之舉動二次以上。」偉哉言乎！是即所謂不失其赤子之心者也。中國人好自大，年來偉人之稱轉含譏刺，是亦無真英雄故耳。

願為言情小說家

有狂生焉，發三大宏願，一不娶妻而多娶妾，二勿生子，三不及三十歲即死，自是快語，惜太過耳。予亦有宏願，願當今小說家將我名字嵌入一言情小說內，得與一紙上之佳人成為眷屬，雖其間備受挫折亦無悔，予且借大文豪筆下超生之力得飽受豔福。阿彌陀佛！予願折十年陽壽焉。

情海茫茫，望之興嘆

予生二十餘年，曾為孤兒，為學生，為軍人，為報館記者，為假名士，為鴨屎臭之文豪，為半通之政客，為二十餘日之都督及總司令，為遠走高飛之亡命客。其間所能而又經過者，為讀書寫字，為演武操槍，為作文罵世，為下獄受審，為騎馬督陣，為變服出險，種種色色無奇不備，獨未一涉獵於情場，論交不得一好女子。情海茫茫，大有望洋興嘆之慨，遂致一念欲灰，悲酸刺骨，把鏡自憐，問天無語。休矣休矣，此生已矣，夫復何言？言之亦惟徒嘔心血耳。

言情之作，描摹善男善女，福慧雙修如同仙子，然予不特未曾身受，且亦未曾親見，或文人故弄狡獪以筆墨欺人耶？然則又何不亦將我名編入稗史，使享豔福，聊當望梅。雖曰期我，我固甘之，以欺後人增其欣羨，俾作為佳話永道弗衰，則不佞數千萬年後骨化成灰，灰復飄渺四散，而一縷精魂尤有餘樂也。文人積德，當允予請！

情之所鍾，更甚於空氣

人之生也首賴吸清鮮之空氣，而美食盛饌次之。此言亦不過道其表面耳，其實乃以愛情有所貫注為重，而尋常夫婦之好、皮肉之欲次之。嗟夫！愛情即清鮮之空氣也，人之愛情若無所鍾，遂亦無復有他人愛情之灌輸，乾渴欲死，又何異於人之無空氣可吸乎？

武伶抗日經過

武伶高福安，於南滿火車中憤日警無故毆人，報之以拳，日警出手槍擊之，高奪其槍復攫其刀，如白水灘路打不平故事，殺木鞋兒凡三，且好漢做事好漢當，赴大連自首，又頗似田七郎。朔方健兒好身手，於《長阪坡》、《金錢豹》之餘尚演斯活劇，予為浮一大白。雖然，俠伶已矣，健兒已矣，同胞受人欺侮為日方長，予願與天下英雄、南北戲迷以白酒盈斗呼高福安之魂而哭之（此事後不確，聞係另一高姓云，噫）。

所謂真樂也

予前所致某君一函，語酸痛澈骨，事後恒疑人必以悲觀太甚或消極太過相責，繼念此亦不關重要，今之人雖日言不可抱悲觀、不可消極，然悲觀消極無傷於人也。人之初生渾渾噩噩，初無悲樂可言，及漸長成投身社會中，偶有外觀，無不呈非悲即樂之象，而悲觀尤觸目皆是，無可倖免。以天真渾樸之人驟遇此變，又焉得不消極？蓋悲觀者、消極者皆入世之人所必經過者也，入世愈久悲觀愈多，遂漸冷淡，習以為常，而此消極之腦筋於千痛萬苦後亦備有一種抵抗悲觀之彈力。聰穎者或借此又得以養成一種明透放達之眼光，凡所觸接視為幻影，無所謂悲，無所謂樂，自適其適而方寸間亦自無消極、積極之念，名之達人誰曰不宜？然達人所長亦不過具此精遠之眼光耳，但此眼光非可以價值購得，而必以入世之年數購得者，推其究極，又實非僅歲月光陰之力，仍是此慣於苦人之悲觀之力耳。

人不至大澈悟明達之時，偶有客觀的樂觀，非真樂也，惟飽閱悲觀之後，心地忽然放出一線光明，眼底遂異常明透，凡外觀的之悲觀、樂觀均不為所動，方寸中自有主張而且自然安適，是之謂真樂矣。

六祖《壇經》短偈

六祖法寶《壇經》有二短偈，其一曰：「身似菩提樹，身如明鏡台。時時勤拂拭，不教惹塵埃。」譬諸抱悲觀者尚未到明達澈悟之境，強自排遣，愈排遣乃愈苦痛也。其二曰：「菩提本無樹，明鏡亦非台。原來無一物，何處惹塵埃。」譬諸澈悟之人，不用排遣，即無所謂為悲觀，亦無所謂為消極也。

傲睨自高

予傲睨自高之志，均逼迫而生，久之亦自思得其故，譬如人當孩提時日不離父母之懷抱，偶見生人則泣，是明明無傲睨自高之念攙雜其中矣。雖然，此尚可謂其無知識無能力所必致，及其長成，初入社會，必常懷悚懼之心，以為人盡優於我，我不過後生小子、滄海一粟，何可與老成前輩並論，故有所作施以及文章遊戲小事，均不敢以對人，以為己實粗劣，何可以對大雅？即萬不得已偶一炫之，亦立呈忸怩含羞之象，至於自命不凡、壓倒一切之心殆無半絲存在也。及入世稍深，見人人均不過爾爾，漸自信其可敢於試事，偶有所成即傲睨自高矣。雖然，此惡德也，實惡社會無人之故，及其久也，人不過爾爾，己亦不過爾爾，五十步笑人，己亦自覺可笑，此傲睨自高之念亦截然中冷矣。嗟夫！偌大中原乃無一人，致使乳臭小兒如予亦嘗自負，且四顧茫茫有萬萬不得已舍我其誰之慨，不亦大可悲乎？

予有短詩云：「仗劍行千里，微軀值萬金。中原聞逐鹿，舉目竟無人。」是殆自揮灑其傲睨自高之情也。曾幾何時，中原禍作，朝野無人，吾勿論矣，然狂吟之人究亦何若？思之懷慚甚也。但人盡如此，區區亦只好奉陪小兒曹於十字街頭扮三國故事，各結一群，以竹木為刀，以破布為旗，攘臂而鬥，亦有勝負，其勝者亦居然自鳴得意，行見求幸福齋主人亦插身其間，與兒曹爭片刻之勝利矣。如幸勝者當長歎無言，如其敗也則真千古笑話。雖然，予何人斯？今之人又盡何人斯？敢汗顏言千古耶！

有愛念斯有樂趣

人各有業，士各有志，業也、志也，其中有愛念存焉，有愛念斯有樂趣，否是則其業、其志必不能持久。但立一志、專一業而愛念復寓矣，或以失敗而減其愛，似失敗與愛大有關係者。以予言之，則失敗與愛實分二事，絕少連及，蓋世事恒有之，凡足使已憂抑而不如意者，愛之反愈切也。

予生有二愛，第一愛革命，深信非革命不足以救國，故以革命為志，頻年可謂艱苦備嚐矣。然其愛不消滅，一任反對者加以亂逆之名而予恬然視之。且亂與逆雲者，亦有所倚托之名詞耳，予等之世界以是為亂逆，或至金星及其他世界則名謂不同，安知不以是為美稱耶？

予第二愛唱劇，蓋革命可以為志而不可以為業，唱劇或可以業耳。予初不能歌，初入劇館聆音而慕之，嘗以為蒼蒼者與予以幸福，惟此歌音。久之自亦能歌，且自信大可造就為專家，頻年嗜此殆無日離口焉。然予歷世久矣，艱苦備嚐，所最視為缺憾者，未使吾一臨舞臺而袍笏登場耳。然平日所引吭亂唱者，亦足畀予生許多之紀念。辛亥夏，以《大江報》事入漢中獄，初押看守所，以予嗜唱重禁予七日，後押禮智司，又以唱故受人痛毆，獄吏且銜予而告密於有司，謂予為革命黨，幾至於殺頭。癸丑秋九月一日，金陵城破，集敗軍戰於雨花臺，台陷，兵盡竄，炮彈如雨下，予憩於草地，倦極歌聲乃作，同輩力止之，此情此景使人不忘。

素人政治家

予嘗與二三契友談救國之道及吾人立身之法，要當痛革恃革命為恒業之習氣。蓋中國無論何事均含有作官以謀生之性質，如青年讀書入學校，貴在能文作文，貴在能應試，應試即可作官，作官即可得錢以養生也。革命黨尤甚，自辛亥都督偉人暴富後，人皆視革命為謀財之捷徑，其實雖未必盡是，然革命黨終必掌政權為官，其次則為在野之政客，然官也、政客也，自其往者言之均若專業而謀生之術賴焉。夫人而無自生之道，徒恃作官與作政客，則其所抱負必易為金錢之力所動搖，小焉不惜犧牲主旨以迎合金錢，大焉則身居重要廣事搜括以飽囊槖，且少出其餘裕以餌他輩借鞏其勢，然國家值此斯真萬劫不復矣。

予友又云，於美人所著平民政治書中見之，美之政治良於他國者，以素人政治家之多也。素人政治家者即有恆產而不以政治家為專業者也，其對於政治界合則進不合則退，主義以外無欲望，偶任政事不求厚祿，退而恬然亦能自養，其益國家者多矣。予國雖積弱而國民獨立謀生之力甚薄，然吾人自命為與政治有關係之人，則不可不認定此素人政治家主義作去，以期為舉國倡也。實行此主義首在能謀獨立之生活，予曾為文人，然予實自慚其不文，縱使果勿愧焉，予亦弗樂為之。偶談劇癖，不禁感歎及之。嗟夫！予不為軍人者，予將與譚鑫培伍矣。

優秀軍人當受贍給

中國徵兵之制未行，不特不能達全國皆兵之目的，即求有十分之五亦不能得，而國家危亡在即，非武力莫救，是則國民中有曾服軍役者當常保其軍界先進之資格，終其身以鐵血救國，勿萌他念，不必學政治家可言進退也。故軍人即當以軍中為恒業而不須岌岌於他種自利之法，為政者亦亟須贍給此種軍人，勿使失所。雖然，予之言亦有界說。在辛亥、癸丑之役，全國之兵驟多，然倉卒成軍，其中曾受教練備有軍人之資格者殆十不得二三，此種無學術之軍人以之濫竽軍籍，匪特無益而且有害。國家既無力練多兵，則仍以安其原有非軍人之生業為是，至有軍事學術者為完全之軍人，則義不能退耳。

唱劇之樂

予服軍役一年餘，亦粗知兵。初因讀闡揚社會主義之書，遂棄兵籍，近因伐罪，曾掌軍旅，且歷戰事，又慨夫時勢所必需、天職之所在，遂終以軍人自居。惟以革命黨為軍人終不能脫政治之臭味，予近厭言政治，既不能脫此範圍，將來寧為純粹之軍人。雖然，奮戈躍馬其狀雖樂，而勝負之間關係至巨，有樂亦有憂，勿如唱劇之樂也。唱劇之樂，乃兼世界各種樂事之樂而盡有之，即有悲憂而發洩盡情，亦足言樂，予終思唱劇也。天苟福予，國家不亡而予事易畢者，予終有以饜予劇癖。雖然，予事豈易畢哉？或國亡後學柳敬亭唱《桃花扇》耳。

拿破崙堅毅過人

英人查邦耳氏所著《一八一五年拿破崙私人生涯與彼之歸束》一書，曾論拿翁生平不脫宿命論及迷信之窠臼，或深信時日之凶吉而豫卜治事之成否，或以哈德盧卿道及咖啡杯中所映面影兇惡可懼之一語，因以聯想咖啡之有毒而命中涓傾其杯於其地。又昆斯坦氏之筆記中謂，拿翁在義大利戰役中，一日誤將其所愛之約瑟芬像鏡碰碎，遂謂美人罹險，不惜派急使馳詢其況。或曰此種謬見迷想與匹夫匹婦相同，不免為英雄之弱點也。予曰不然，英雄固非事事與人不同者，其所以為英雄者，惟在決事時之數分鐘內具非常之膽力、智力決定一非常之大事巨事而實行之，決時固斬釘截鐵，行時固勇往直前，但事大非一日可成者，偶有暇時效匹夫匹婦所為試一卜筮，雖屬遊戲之舉，然亦負巨任、肩重擔者難言之隱痛之惶恐，古人所謂臨深履冰者即是此意。

卜而吉則足以增其勇氣，卜而不吉亦惟有小心謹慎，未聞因此而全反其最初之決心之所為也。至傾杯疑毒所以保身，千古英雄誰能盡免去疑字者？至碎鏡問美，乃愛情神聖專制之力驅策英雄所致，當為英雄佳話，不宜加以詬病。況拿翁生平堅毅過人，第一次被囚尚能免脫為滑鐵盧最後之決鬥，其非為無定力者可知。第二次瓦解後以書致英皇，自言天職已盡，願托庇其下以終天年，其言雖哀，然亦明達無比。蓋做事雖不問成敗，然進行之時成敗未可知，用心倍切者，其平日患得患失之念亦倍重。且此種心理亦並非盡慮失敗，不過深欲速求得歸束之真相及成敗之究竟而已。如其敗也，其心反覺適然，以為天職已盡，責任已了，縱有感慨亦足自慰矣。

中國舊劇為詞不雅訓

中國舊劇為詞不雅馴，然其創始，一舉一動、一發吭一按板類有法則，要亦非易。夫宋人刻玉葉為楮，三年而成，成無所用，然當其刻畫時不三年或三年而不專，楮亦未可得成也。要之，創始者之苦心不可泯矣。

《李陵碑》哀婉激揚

《李陵碑》一劇，悲健作楚聲，是在反二簧為調之佳也，哀婉激揚，似此調乃專為《李陵碑》而創。且一人獨唱，吐詞又極平平，其魔力乃能吸住觀者數千百人唏吁以聽，我思古今中外凡所謂歌劇、一人劇當無有再優於《李陵碑》者矣。求幸福齋主人不幸生於今日之中國，又不幸而為今日之何海鳴，有國欲亡，有身無力，有口莫卸救國之責，渺渺前途，直如破舟為狂風吹入大海，乃不能測其終局。倘得天佑，他日有功成身退之一日，跳向舞臺唱一折《李陵碑》以傾瀉英雄遲暮之悲，則亦足矣。否則，直待國亡以後草間偷活，以老而不死之身罔顧羞恥，亦拼命上臺唱「卸甲丟盔」之句，亦老淚闌干，亦歌亦泣，直哭他一個痛快以強自慰遣也。

舊劇唱詞甚佳

予以文學之觀念評舊劇，如《惡虎村》之「風吹樹梢，英雄夜走荒郊」是絕妙好詞也。如《三娘教子》之「打兒一下如同十下，打在兒身痛在娘心」是絕好倫理小說中之警句也，如《五臺山》之「我的兒生前不能把福享，死後要萬歲封他的什麼侯王」，其聲悲痛，直喝破千古帝王家籠絡天下武夫豪傑為彼一人就死之詭計，戰場之鬼當同聲而哭，繼以稱快也。其他好句甚多，未克備述，他日如得半年閒，當一一為闡揚之。

花蕊夫人之名句

五代時孟知祥再有蜀，傳孟昶。青城女費氏，幼能屬文，尤長於詩，以才貌事昶得幸，賜號花蕊夫人。後宋太祖平後蜀，花蕊夫人以俘見，問其所作，口占一絕云：「君王城上豎降旗，妾在深宮那得知？四十萬人齊解甲，更無一個是男兒。」其意激昂哀健，清末女俠秋瑾亦有斷句為人傳誦，即「四萬萬人齊解甲，並無一個是男兒」也，想係改竄此句而成，予表而出之。或者謂予事挑剔，予之意蓋不然，秋俠之傳不在詩，尤不在此亡國后妃依稀相似之斷句也。秋俠自有其可傳處，今姑讓花蕊夫人以是詩傳，亦是不負古人之道。

西施沉江？

予所作〈西施〉詩前已記其一，尚餘三首，其第三首之末句云：「若得知心人作伴，五湖也合住西施。」其第四首末句云：「我恨老天真夢夢，偏教銅臭逼西施。」銅臭指范蠡言，蓋世傳范大夫曾載西施以去也。頃有人言《吳越春秋》逸篇云吳亡後浮西施於江，令隨鴟夷以謝子胥，又《墨子》有曰「西施之沉，其美也」，是皆為西施葬身江湖之證。苟如此，投身清流自較隨銅臭去為佳，但世人既有隨范之語，予亦不妨有是詩，姑兩存之。

詩人心中懷抱

金聖歎批李白〈鳳凰台詩〉曰「吳宮花草埋幽徑，晉代衣冠成古丘」二句「立地一哭一笑」，言：「我欲尋覓吳宮，乃惟有花草埋徑，豈不欲失聲一哭？然吾聞伐吳者晉也，因而尋覓晉代則亦是衣冠成丘，此豈不欲破涕一笑？蓋作詩者極寫人世滄桑，而胸中實在看破得失成敗、是非贊罵，一總只如電拂，我惡乎知甲子興之賢於甲子亡，我惡乎知收瓜豆人之必便宜於種瓜豆人哉？此便是仁王經中最尊勝偈。」快哉批乎！方今強凌弱、眾壓寡，世界如此，一國之內亦如此，其實此中得失成敗亦是不值一笑也。

金聖歎批杜牧詩

金聖歎批唐才子詩多絕妙好詞，其批杜牧〈甘露寺北軒詩〉有句曰：「人生世上，建大功、垂大名自是偶然遊戲之事，乃真因此而銅枷鐵索牢不自脫，皮裡有血、眼裡有筋，果胡為而至此？」又批〈西江懷古〉後有句曰：「人誠莫妙於不生世間，苟人而不免或生世間，則世上事畢竟做不盡，莫如撒手一去，所蓋實多。」炎天讀之，如食哀梨，爽膈快心，清涼散無此功力也。

讀書善化煉者始得真金

看書有所得，即斷章摘句實此筆記，一以自遣，一以供他人傳觀，誠有無量功德。但好好古人一部書，被小子硬挖下來為筆記湊字數，又有無量罪過。

看書如掘礦，善尋礦苗者每得金寶，不善者則得砂石，故善尋好書看者始有功效，否則亦如掘砂石耳。掘砂石不過耗其資、虧其本錢，如讀不好書乃使人失其本性，終身與好書無相洽之緣，可歎也！又同讀一種好書而收功效乃有厚薄，亦如同掘寶礦，善化煉者始得真金，不善化煉者僅得渣滓耳。

予十五歲驟失怙恃，流徙在外，遂致失學。年來雖亦能搖筆弄舌，不足言文，且腹內空空，腦筋又不能博聞強記，東奔西竄，又更無下帷苦讀之時，自慚其陋，此生誓不再想作文人矣。閒來看書，聊以消遣，不能以不文之故自剝其看書之權利，既看書矣，又不能以不文之故自剝其寫筆記之權利，且看且思，且思且寫，所寫未盡從看書得來，所思又未必盡情寫出，但非以炫弄其文，斯真為曲衷之語耳。偶因筆記徵題有譽我者，故感慨及此。

讀名家書信言之有物

人非專攻文學，僅求拈毫吮墨，辭能達意，或於無事時看書消遣，與其涉獵大家文鈔，無如閱名人尺牘，而小簡尤妙。蓋言下有物，趣味橫生，既以益智，又可細摹其筆法也。

小學生初學作成片之文章，最好是先寫短札。近來教科書多附書札式樣，即斯意也。至於壯年人學文未成，欲勉操筆墨應用，其最所急需者為尺牘，其最宜研摩者亦印刷成本之尺牘也。然坊間刻本，不失之俗則失之深，且規格過繁，套語太多，人讀此而求下筆清通，其結果乃愈使著迷，終身無清通之一日。誤人害人良非淺鮮，焉得盡取此等劣書而盡火之。

古人書上云長相思，下云加餐飯，書盡紀實，良不厭短，即或作長行亦當語語從胸膈中出，無為廢詞。俗本尺牘之壞，首在八行式，其次則在恭維奉承，勉為其假者、偽者，又強人於無情之人作有情語也。

金聖嘆善讀書、善批書

湯臨川所著《玉茗堂尺牘》有一題序為沈際飛作，有句曰：「為詩磨韻調聲，為賦繁類掞藻，為文熔經鑄史，為詞工顰妍笑，皆有意立言，久而後成。至於裁書敘心，從容千言，寂寥數字，揮毫輒就，開函如譚，自非內足於理、外足於辯，學無餘瀋，品無留偽，其書不工，雖工而不可與千萬人共見也。」讀此可知名人尺牘之可寶，而坊間劣本之害人矣。予嘗見袁子才之《小倉山房尺牘》，不曰致某制府，則曰致某觀察，滿紙齷齪，豈可與千萬人共見？人偏欲學之，無怪愈學愈不長進也。又作筆記亦然，非有見得到處，何可浪弄筆墨？又批註古人書、題序他人著作亦然，非別有所見或另有發揮，則他人之書何可任己汙以劣墨？嗟夫！古今善讀書、批書者，惟金聖歎一人而已。

湯顯祖辭文意遠

臨川湯顯祖以作《牡丹亭》傳奇稱於世，所謂詞人者是也。雖然，以詞人目臨川乃大冤特冤，茲得其所著《玉茗堂尺牘》讀之，覺此老「三夢」之作不過一時遊戲，不足以窺見其文章經濟之堂奧也。其書精萃處甚多，予略摘其數段志之。其答李某書有曰：「非死數度不能生，非生數度亦不能死。」答高某書有曰：「有欲於世者未必能動，無欲於世者未必能靜。」答諸某書有曰：「最勝處不在講學。」答鄒某書有曰：「平心定氣，返見天性。」答凌某書有曰：「昔有人嫌摩詰之冬景芭蕉，割蕉加梅，冬則冬矣，然非摩詰冬景也。」與吳某有曰：「謂世如夢南柯黃粱，轉為明顯耳。」與沈某有曰：「世大治亂常起於殺人，殺人常起於殺萬物。」答馬某有曰：「此時男子多化為婦人，側行俯立、好語巧笑乃得立於時，不然則如海母、目蝦，隨人浮沉，都無眉目。」寄李生有曰：「眼宜大，骨宜勁，心宜平。」誠男開遠有曰：「寶精神則本業固，謹財用而高志全。」其餘可志者尚多，要皆微語而見天心，極言而盡人事，辭文意遠，妙不可階，古今學者誰具此磊落之心胸來？

湯顯祖批評今人之文集

臨川所作之長行文字，屢拂朋儕之請，不欲付刊。其自謙處則謂長行文字深極名理，博盡事勢，要非淺薄敢望。惟於致張夢澤函中自云五不足行，雖以自謙，實以罵世。其所云一不足行，在除詩賦無追琢功，尚係謙詞。至二不足行，則謂當代之文等贋文耳，不能為其真，殆已抹倒一切。三不足行，描寫贋文之真相，略謂文人苟名位通顯，而家又卜之通都要區、卿相故家，求文字者道便，其文事關國體得以冠玉欺人，且多藏書，篡割盈帙亦藉以傳，直是一面照妖鏡，今之人刻文集而滿紙均應酬語或報館文章、東西洋唾餘者，讀此亦知恥否？四不足行，則譏彼思作子書以自見者。五不足行，則謂得天下郡縣誌讀之，其中文字不讓名人者往往而是，然皆湮沒無名，名亦命也。其語悲痛，並可見虛名之士未必盡佳。予鑒之時人梁啟超之文，乃益信臨川之言。且予亦頗有不好近大部著名文集之病，安得閒工夫破費萬千串錢多買僻而不傳古人之書，一一讀之，為發其潛輝乎？

鄭板橋與金聖歎均是快人

鄭板橋與金聖歎均是奇才，鄭學陸放翁僅得其詩詞之皮毛，金耽佛經而義氣凜然，自是高人一等。予為之評曰：金趣人亦達人也，鄭狂人亦怪人也，其相同之處則均是快人也。

鄭刻詩鈔，自序其後曰：「死後如有託名翻板，將平日無聊應酬之作改竄爛入，吾必為厲鬼以擊其腦。」又曰：「古人以文章經世，吾輩所為風月花酒而已，逐光景、慕顏色，嗟困窮、傷老大，雖刳形去皮，搜精抉髓，不過一騷壇詞客，何與於社稷生民之計、三百篇之旨哉？」亦猶是湯臨川僅刻詞調，自歎蹇淺零碎，無心立名之意。厲鬼一語，尤屬痛快！

板橋所作道情數闋，其「邈唐虞遠夏殷」一段嗟歎前朝陳跡廢塵，謂「為底事慌忙」，又謂孔明非英雄，「早知道茅廬高臥，省多少六出祁山」。其語可謂灑脫，然所笑者尚係三代以下人，不似明儒賈鳧西之鼓兒詞，晶明透亮，空前絕後也。賈自號木皮散客，好說鼓詞，且取材於《論語》《孟子》，其《江湖鼓兒詞》中有曰「三皇五帝前後世界，原無文字纂記，不過衍襲口傳，其間出頭子的人物各要制服天下，不知經了多少險阻，顯了多少利害，幹了多少殺人放火沒要緊的營生，費了多少心機，教導壞多少後人」云云，一字一針，一針一血，真看得透，真說得出。嗟夫！太古之世渾渾噩噩，諸位大皇帝偏要自出聰明，為後世留下種種禍根，使千萬世後人無甯日，百劫不復，苦痛不蘇，豈真有萬不可倖免者哉？可為一哭。板橋生在賈先生後，予敢斷定其為學賈無疑。然鄭僅得賈之一鱗一爪，即超軼如此，賈之胸襟可知矣。

《鏡花緣》有男子纏足

幼時遊於長沙，聞某女士於某女校演說，往聆之。女士姓名已忘之矣，惟尚能憶其亦年等於我，十七八歲而已。其演說之辭則久而不忘，以其時受有極深之激刺也。女士之言曰：「中國男子以女子為玩物，女子今日除爭自由平等外，尤當以纏足、敷粉之痛苦加之男子之身，使為女子玩物，以示報復。」其時予或年稚初出世，所見甚少，乃嚇至咋舌喪魄，亟避之出校。其後予亦奔走四方，勉為新智之士，此種恐懼不覺消滅，漸亦與女志士往來，深知其不能粉黛我矣。偶閱《鏡花緣》說部載林之洋被困女兒國故事，男子果遭纏足之苦，竊歎古人寓言亦早有為女界抱不平者，事雖未必能行，然亦痛快語也。

女革命家所言差矣

癸丑冬，偶遇某女革命家於江戶，短髮粉頸，風趣盎然。談次，女力詆政治罪過，從此將抱極端之社會主義。予大贊之，女後又言日本女學不善，除烹調、縫紉外無功課，女學生萬不可入。予笑曰：「女士為崇拜社會主義者，社會主義首在各盡其能、各取其需。苟天下人盡如女士，不樂為烹調、縫紉之事，彼各取其需者不將有凍餒之憂乎？況一切平等，己不願為，誰願為者？」女無言。予記此條不加以贅詞，惟願普天下聰明女子，遊手好閒不能一事，徒知以女志士名目眩耀社會者一思之。

男女教育要平等

戴天仇言，現今世界科學發達似尚遲滯者，良以男子家累過重，讀書之時間乃為謀生之時間占去大半故也。苟女子能獨立謀生，則男子對於家庭之責任稍輕，謀生之時間可分其半加入讀書之時間，而世界科學必益發達矣。此言自是名論，雖然，此又非男女教育平等不為功。曩見張漢英女士言，女子參政須先以教育平等為前提，而初等小學尤須普及，小學生之名額當與男小學生相等，尤為切要之言。元人諺語謂人欲娶妻而未得者曰「尋河覓井」，已娶而料量家事者曰「擔雪填井」，可見有家室人之苦。晚近女子競文明、尚奢華，為之夫者擔雪益多，填井猶不易，女子且揚言於眾曰男女不平等，冤哉！

晚近英雌目空一切

晚近英雌插足社會，目空一切，肆行無忌，人多詬病，予恒對人言此無傷也。中國女子蟄伏者數千年，今偶撤其籬障，喜極而狂，藐視天下事以為均易措施，求其不乖張而貽笑柄者又焉可得？然有此數輩腦靈心敏、志高膽壯之女子投身社會，使知世故而增閱歷，其間且益以挫折，或者聰明人終有覺悟之一日。苟一覺悟，即以身作則，啟迪後來之女子以正軌，其收效必至大矣。

男子可憐

人說中國女子可憐，我說中國男子可憐。試問古今能有幾個賢婦？其餘抱擔雪填井之痛苦者人人皆是，雖女子無智識能力，實男子當初窒梏使然，然今之人無罪也。女子可推罪於男子，男子將誰怨哉？

夫婦貴相知心

人之相知貴相知心，友朋亦然，況屬夫婦。故英小說家有言，世之怨偶不在年貌之不合，而在心性之不一。雖然，此僅言其不一也，如在中國，乃猶有甚者。女子無學，偶儕於通人，以彼劣習慣、劣根性與常識常理相搏戰，眼光不同，所見各異，勝之不武，爭之無味，然偶一放弛則又不可收拾，似此而言室家，非故作昧心之苛語，蓋直是與野人偶耳。罪過，罪過！

夫婦制度誠屬不良

夫婦制度誠屬不良，在中國不自由之結婚其結果也，非男子壓制女子，則女子壓制男子，憑其智力互為主奴，魚水和諧殆同虛語。其在西國，雖美其名曰自由結婚，然其結合也多事欺詐，惟重財色，心志齷齪已不堪問，結局悲慘尤不忍言。嗟乎！世間上最苦惱事、最無趣味事莫甚於夫婦之制也。

談愛情之種種

獨居岑寂，縱覽言情說部，又嘗苦思情海波瀾之變幻，得新問題數則：（一）女子之情專乎，抑男子之情專乎？（二）巴黎茶花女不忍以愛亞猛者害亞猛，乃與亞猛絕，是女子之戀情人乃忍自捨其畢生之幸福而善為情人地者，然未聞男子有因其情人嫁彼非福，願自棄其良緣而願其他適者。茲並論之，究以不顧一切誓達目的者為情之真乎，抑以有所顧恤者為情之真乎？（三）女子之對情人有用全力相搏者，偶有變故乃能手刃情人以洩恨，然漫郎攝實戈小說男子原諒女子乃無微不至，無論其如何背盟失貞仍愛之如故，但此二種均不能不謂之曰出於真情。然其情究以下毒手者為厚，抑以善諒人者為厚乎？（四）中國女子之善妒，究出於情愛，抑秉有習慣法乎？（五）妒能傷情愛乎，抑能增其愛情之熱度乎？女子嘗曰妒所以表示其愛，其言確否？（六）在善妒之人一方面設想，愈妒愈有情愛乎，抑愈妒而自乃漸薄其情乎？（七）男子善妒，女子樂受之否？且與男子對於善妒女子之心理有異同否？（八）情愛之外，尚須副以他物如人之內容、外表、功名、富貴等件否？（九）愛情神聖，或曰自不能攙以他念，然渺無他物，情愛究發生於何點？（十）《情史》上載一富家幼兒乃與一年將三十之傭婦通，兩情相愛，誓不另娶。此種奇情，與彼因才子而始悅佳人、因佳人而始悅才子，愛情生於欣慕者，孰可貴孰不可貴？（十一）既有愛情，不圖肉欲之好、不居夫婦之名，何以便不痛快？且心心相印，情固在也，兩人均存，悉其愛亦可也，何以必須成夫婦聯肉欲之好？（十三）成夫婦之事實所以證愛情之真確，不能成夫婦而圖情死亦以證愛情之真確也，胡以此悲慘而彼歡樂？凡斯問題，以予無福慧之人自然不可思議，予今為予書徵題，世有福慧之人者其有以詔我乎？

崑曲與京劇

舊劇初有崑曲而後有皮簧，崑曲腳本悉文人所作，即傳奇是也。傳奇之名仿於金元，明人院本有多至數十折者，於是以篇幅長者為傳奇、以短者為雜劇，要皆文雅可觀，不如皮簧腳本之陋劣也。夫皮簧與崑曲不過為調各異，而科白、上下場引詩等法如出一轍，文人能作傳奇，又何不能作皮簧腳本以言改良舊劇乎？名伶汪笑儂之《黨人碑》、潘月樵之《明末遺恨》即是新編之腳本，頗有精彩。頃又見馬二先生所編之《紅樓夢》散劇《寶蟾戲叔》及歐陽予倩、楊塵因所編之《黛玉葬花》，其中尤以馬二所編為合用，而《葬花》每唱句之後夾以短白，體似崑曲，微不敏活也，然已情文並妙矣。但予尤有進者，皮簧腳本無過長者，直似崑曲之雜劇，情節宜緊、宜趣、宜堂皇、宜具精神，要以歷史劇之悠揚雄壯者為最上乘，至豔麗之作，須盡其悲歡離合之致，有聲有色、有做有唱，不可板滯，最貴活潑，若《黛玉葬花》之曲或可盡文學之能事，成一悽愴怨慕之詞曲，然難得人解，又難得演出好情節動觀聽也。予舊作有《豹子頭》曲本半部，革命時付之一炬，去冬在東京偶與劉藝舟道及，劉編為新劇演之，但予意終以為不洽耳。

劇作者要諳音律

另編舊劇除吐詞宜雅馴外，作者尤不可不諳音律，習各派之唱法及舊劇原有之法則，否則詞曲雖文而不適用，歌者有噎喉之苦，聽者無悅耳之娛，何足貴哉！

俗伶無法改良戲劇

劇有極善極惡，總與俗伶無與。蓋俗伶因欲得錢而學劇，其志不專在劇也。欲編新本，宜倩新人物演之，是曰客串，然滑頭客串家又不宜相與也。予嘗見《要離斷臂》、《七擒孟獲》等新編劇之草率，益歎俗伶之不能與言改良焉。

上海婦女新裝扮

乙卯春海上歸來，萬憂叢集，言念國事更屬可悲，人詢予何悲？乃萬緒千頭不能自傾其肝膈。人又戲詢黃浦停驂凡三閱月之久，耳聞目觸亦有可喜之事否？予少思之，應之曰有。蓋自其大者言之，救國儲金，人民自宣其力以救國，且自知其有主人翁之天職之資格，可喜也。自其小者言之，上海新劇發達，遠勝當年，其內容亦大可觀，亦可喜也。此外尚有一妙語，則近來上海婦女新裝束，屏其高可遮耳角、足障面之衣領勿用，而易以扣頸之短領，其上且附以白花空心欄杆，袖亦如之，其下則著西式長裙，著小蠻靴，乃與歐美裝束同一風韻，真可喜也。

送報人措詞駭人

予友建侯有《愛國晚報》之創設，一時《五七報》、《公論報》、《救亡報》、《醒眾報》、《天中報》蜂起雲湧，應運而生。當夕陽西下時，滿街送報人大呼特呼，其措詞乃至駭人，非言某處起事，則曰某人被刺。袁家江山原來似風前燭、雨裡燈，焉能禁如此大嚷大哄？此不祥之兆也。一日傍晚，街頭送報人嚷聲又作，予聽久頗厭之，詎料是日之聲浪乃別開生面，惟聞其呼曰：「大總統做皇帝，十厘廿厘。」夫作皇帝大典也，然為值不過十厘廿厘，豈不好笑？

上海近有女子新劇

上海近有女子新劇，且有小舞臺每夕專演，此誠破天荒之奇舉，然一時輿論非之。在予之意，讓此輩英雌樂樂亦是與人方便，何必咬牙切齒，言風化、言男女授受之義大煞風景，蓋言之不勝言，似可放過也。惟以劇之道立論，則女子於新劇似尚不能達萬能之境，尚不如髦兒班坤伶帶口連、著花花衣，開粉臉，唱幾句西皮二簧，亦步亦趨，尚合符節也。如真欲發憤於新劇上占一地位，則賣弄其英雌本色，扮娘姨、大姐、妓女及不三不四之女學生，又誰能賽得過他？其餘則不必言矣。

野知事害民

清康熙年間，特開博學宏詞科，敕內外大臣薦士入京召試擢用，並授翰林職，此等翰林如毛奇齡等皆以績學雄文負海內重望，虎視蛟騰，傲睨一世。每逢校藝論文之會，同館之以科目進者率面熱內慚，噤不能發一語，遂懷忌嫉，詆之曰野翰林，一時傳呼。民國甲寅、乙卯之間，袁世凱為政，大考知事，所謂特任、簡任官亦得保舉若干，准其免試錄用，是當名之曰野知事。然野翰林尚多為明代遺老，野知事悉為亡清之貪官贓吏，賜野翰林不過辱士，用野知事是為害民焉。

乞丐之衣服

乞丐所著之服，文學家美其名曰百結衣，其辭甚雅，茲又有加百結衣以解剖者，其說明曰：百結之衣，質料之大皆如掌，其補綴成衣也洵一奇技。是等衣服，微風乍起直可吹之離身，如秋風掃落葉，而若輩則借此以章身。質料之龐雜，又不知集幾多破服而成一制，垢膩叢積，穢惡不可近；五色雜出，極光怪陸離之致。考此衣服之時期，約可分五代，第一代新制為上流人服，第二代半新舊為通常商賈服，第三代為工人服，第四代為貧苦人服，自貧苦人廢棄而入乞丐之手是為第五代矣。予曰此衣當為五代元老，凡五代之人均受其益，惜愈趨愈下耳。

對袁世凱之評價

甲寅秋，劉某上書與徐世昌論政，中有句曰：「叛二百餘年之天子謂之曰忠臣，叛二年餘之總統謂之曰亂黨。」又曰：「滿清有可亡之道，項城非亡清之人。」其言短俏，一時革命黨、宗社黨均比之漁陽三撾而稱頌之，袁政府為狀頗窘。章行嚴於《甲寅》雜誌中形容其狀，亦有句曰：「政府聞之狼狽而不敢辯，勉強發一令、逐一士而大露色厲內荏之狀。」又曰：「偶遇清流正士，偶加駁詰，轉若所為，鄰於妾婦求掩不遑。」質之當時確有此象，惟袁氏之出，革命黨當年實有同意，今日似未可以復辟之邪說攻袁。但斷章取義如忠臣亂黨之語，尚是半句公道話。千百年後，宗社黨之言論惟此可傳耳。

談婚姻制度

夫婦之制，自來稱正室曰夫人、側室曰如夫人，有作《如夫人解》者力闢其說，其文曰：「如夫人三字實如意之夫人之謂也，顧名思義，位在夫人上。古者娶妻須待父母之命、媒妁之言，既娶矣，不如其意者往往有之，於是乃欲更娶一如意之夫人，故此名非貶詞也。」其言新穎，大為一般姨太太揚眉吐氣，於義當否非所敢知，予亦弗敢認可其說，使天下所謂一品正夫人者群起而詈我。惟如意二字頗足研究，古詩有曰：「人生貴適意。」又凡人之初生，其始必為一男一女，在耶教中目之曰亞當、夏娃，彼亞當、夏娃所居之地美其名曰極樂園，極樂即適意之謂，足見人生以男女共處為至適之事。然最初之男女無夫婦之制也，浸假而男女漸多，其結合不能如最初之單簡，於是男女互尋其偶以為偶，然亦無正室、側室之制，且並無婚姻之說也。

治社會學者謂婚姻史之初期為掠婚時代，掠一女逼之為婦而自居為夫，是婦者不啻奴隸之名詞。後之帝王制禮以掠婚為不當，乃變之為求婚，故用媒妁而又須待父母之命，其用意僅在免掠且勿賤妻而已。後人誤解，定為禮法，取男子、女子之自由而共束縛之，男子掠奪出乎自由範圍以外，束縛以禮法似亦近理，然女子之不自由如故也，雖有納采及親迎之禮而為其夫者仍是不相識、不相洽之人，父母雖曰命之、送之，然與自貢其女於盜穴者何異？況文明日進，男子亦不至人人盡為強暴，而禮法反強納一雙不相識、不相洽之男女於一處，美其名曰夫婦，其暴可知矣。男子不甘其暴則娶如夫人，女子不甘其暴另覓情人，亦錫之曰如意君，是皆婚姻制度所種之惡果也。或曰此中亦有自由與不自由之分解，不可一筆抹煞。予曰美哉自由之名詞也，然自由亦即適意之謂也，但既稱自由，何必再贅以結婚之名詞耶？

觀之西國，又有離婚之法，婚既可離，又何必結？論者曰離婚亦為正義，是又明明默許男女相處可合可離矣。既屬可合可離，是已無關重要，然律以夫妻又何為？況所謂人者動物也，既曰動，其情愛自應有動移，今日以如意而結婚，明日忽不如意，而此夫婦之制乃束縛之，是豈非大不如意乎、大不自由乎？雖有離婚之法可以少蘇其苦，然離斯離耳，又橫添許多手續使人不快，又豈非多事乎？故予頗敢取夫婦之制而並非之也。

元太祖成霸業，但鮮人道之

拿破崙，法國人也，而有統一歐洲之志，一世之雄而今安在？然歐洲之人至今稱之，許為怪傑。元太祖以異族入主中原，亦欲包有六合併吞天下，鐵騎所至，西北俄羅斯、西南五印度遂入有元之版圖，詎非中國之雄主哉？徒以異族之故，至今人鮮道之，且不如遠在海外之日本人，尤許其為亞洲怪傑也。此其故在國人不好提倡武德，以為彼乃異族，又屬暴舉，且窮兵黷武不可為後世法，故明人修《元史》，寧使其疏舛四出，不使其鋪張武功。元人《拖布赤顏》一書，譯言《聖武開天記》，記開國戰史頗詳。明中葉修《元祖實錄》，史臣請頒此書而弗肯出，天曆修《紀世大典》，再請之亦然，故史書之成，關於西北藩封、疆域兵馬皆僅虛列章名，不著一字，遂使元代疆域雖廣與無疆同，武功雖雄與無功同。埋沒古人，欺藐後世，莫此為甚。今日國人秉此遺傳性，且來不武之譏、瓜分之辱，追憶前人，欲哭無淚矣。

元朝敗亡之因

拿破崙以微賤即帝位，且在宣佈共和之後，其所恃者在引起法人當時好大喜功之興趣，從事國外之戰爭，為法蘭西爭光榮，而彼之帝位即鞏固於此中。益以每戰每勝，威聲大震，全歐懾伏，詎獨法蘭西之小民。及聞其敗也，民心一旦瓦解，故拿破崙遂一敗而不可復興。至拿破崙第三承其餘志以行而英敏不及之，故其敗速而民叛尤易，是皆以武功維持帝位而帝業全關係於武功者也。元有天下，其疆域之廣、海漕之富、兵力物力之雄廓過於漢唐，自塞外三帝、中原七帝皆英武踵立，無一童昏暴繆之主，且內無宮闈閹宦之蠱，外無苛政強臣夷狄之擾，又有四怯薛之子孫世為良相，與國同休，其肅清寬厚亦過於漢唐，而末造一朝偶爾失馭，曾未至幽、厲、桓、靈之甚遂至魚爛河潰者，其故蓋亦與拿翁同，以武功維持帝業而卒敗於武事之一蹶不振也。日本、爪哇之征討，覆海師於數萬里，是為第一次之失敗。及後順帝即位，已無前代之英銳，而前代所遺之盛業，如外而嶺北、嶺西諸行省動輒疆域數千里、馬行八九十日方至，內而江浙、湖廣各行省，舉唐、宋分道分路之制，盡蕩覆之旁通廣闊，務為侈闊，至此乃鞭長駕遠，控馭不及，於是阿里不哥、海都諸王叛於北，乃顏、合丹諸王叛於東，安南、緬甸、八百諸蠻叛於南，窮年遠討，虛敝中國，如外強中乾之人軀幹龐然，一朝痿木而中原之士亦乘間而興光復之師矣。謂非敗於赫赫武功之後難於為繼者，別無充分之理由也。

元朝有種族歧見

拿破崙之稱帝在欲達其統一歐洲之目的，為法蘭西增光榮，故除軍事外，彼無專制之事實貽人指摘，而念念不忘祖國，必思發輝而光大之，尤為可取。故其稱帝也人能諒之，以其借帝制圖進行上之便利而欲貫徹其並歐強法之志趣也。元人尚武，僅在興其家天下耳，中葉以後已呈中幹之象，又復對內強分畛域，以遼金新附者為漢人，以宋人為南人，漢人重於南人而蒙古、色目人重於漢人，用人行政均不得調劑之道，是其志趣殆非拿翁光榮法國之見。明祖為吾族吐氣，起兵覆之，自是快事，但必埋沒元代之武功，視同陰謀，深閉固拒，不以示人，則非所敢稱也。

明朝叔姪爭大位

中國古來南北之爭恒北方佔優勢，予作《革命雜詩》有句曰「自古南都多短命，怕談總統祭明陵」，所以紀實也，而予所最視作極醜之事者乃在明建文帝及燕王之爭。彼一家叔侄不顧羞恥，攘臂而爭大寶，為之臣者乃互相擁戴，且以死難為忠，真是何苦乃爾！孰知事至今日愈出愈奇，以中原之人治中原，乃視南方等於被征服之土，派兵駐防一如滿洲，且沐猴而冠，自視乃若異人，豈不使人笑脫牙齒哉！

南北貧富有殊

韓山童討元檄文有句云：「貧極江南，富歸塞北。」良以元人分南北、蒙漢之見，膏澤之潤罕及於南，滲漉之恩悉歸於北也。詎今日又如之，獨是北方一塊乾淨土，主政者雖欲加以殊恩而強鄰必視為鼾睡之鄉、牧馬之地，又均莫如之何也，傷哉！

以佛事救國寧非奇事

元祖遣海師討日本，大風覆盤，全軍沒於海，日本遂賴以保全。當時日本既聞元祖渡海東征之警報，全國震動，殆若有亡國之奇禍，一如中國今日焉。某代天皇特奔至福岡，與某僧設壇祭天，並大作佛事，一時求佛宣唄之聲遍於全國。其後元師既覆，某僧遂居為己功，而天皇亦自詡其跪拜之誠乃感動天心，降殃於元。國人狂喜，亦視天皇及某僧殆立有不世之奇動者然，傳至今日，猶為天皇及某僧立銅像於博多之西公園。予聞其事，失笑者再，夫祭天求佛以禦寇，與梁武帝何異？幸而大風覆元師耳，否則豈不徒為亡國史上增笑柄乎？今人為立銅像尤為無當，雖然，今日之日本固又思傳其救國之佛教於中國矣。袁世凱亦樂於祭天，苟相率作一場佛事以祝中國勿亡，尤使人笑啼不得，嘆為奇事也。

軍事教育要整頓

美國羅斯福為總統時，常慨夫美國陸軍之不振，中下級軍官悉恃學校出身，滿腹軍事學講義而鮮經驗，且疲弱不能耐勞。嘗發一令，凡步隊軍官須三日間能步行五十英里、騎兵軍官三日間能乘騎行一百英里始為合格，一時竟有詆此為苛例不能奉行者，羅斯福以為怪事。予昨偶見報載北京陸軍部各司員應總次長月課之考試，其命題之淺近已至極處，予尚能憶其一題係詢步槍子彈何以用尖頭者，試言其效用，第二題又似問步兵工作之性質，大約均出自步兵彈擊教範、工作教範書中前二三頁內，即初入營之新兵、曾受新兵教育者亦當知之，茲乃以此考堂堂陸軍部之司員，且有交白卷者，豈不可羞？而中國軍事前途長此以往，不加整頓，亡而已矣！尚何言乎？一歎！

兵不厭詐

英國吉青納貴族為陸軍大臣，用吉青納名義招練新軍，期與德皇威廉決一死戰。其招兵之廣告頗為新奇，略云：現當春和之天，莫妙於往柏林旅行，有願往者至某處報告，政府當免收其旅費，且賜以最有光榮之旅行衣及軍器，惟限額若干，且年齡須十八以上、四十以下云云。英國《泰晤士報》頗譏評之，蓋以其近兒戲也。昔日俄之役，俄軍頗自驕，嘗言欲得日本為世界一極大之公園，取日本女子為世界之公娼，及其終也乃為娼所敗，貽笑於人。茲吉青納之奇特旅行亦不知能一帆風順否？自古用兵者，誘敵之術及止追之法類皆虛虛實實，各盡其妙，或插旗幟以張聲勢，或增灶減灶、唱籌量沙以自掩其軍情，或結芻為人縛旗於上使驢負之以巡堞，或縛生羊擊鼓以退兵，然皆不如今日之有假倫敦之奇也。英德構釁，德之齊泊林飛船嘗渡海來襲倫敦京城，英之軍事當局以為敵機決不於日間來相嘗試，故以全力為夜間之設防，並以種種方法欺罔敵人，甚至於倫敦本境界域之外別造一假倫敦於愛賓森、克勞登、斯脫利、脫亨姆士丁佩克等處，從樹林中築造長巷，滿懸弧形電燈，大放其光明，自天空下視有若都會之市街，其真倫敦則夜間全市黑暗，其所許燃點之燈數盞亦加以掩蓋，俾僅僅照映街道而飛艇下視則不能見之，此亦將來新兵法中新設疑備敵之道也。

日本武士道精神

予居日本一年餘，見其人民似尚有中國古時代野蠻之風，縱酒酣歌，好談武俠，雖愈趨愈偽而當時強國強兵實賴此也。蓋中古時代人民渾樸而又強項成性，最易動以大義，使之效死，故日本維新之初即大鼓吹其武士道，舉彼人民佩劍露刃、自相仇討之風而導以強國強兵之旨趣，故能一戰勝我，再戰勝俄，立躋其國於頭等國之列。然返觀吾國，似亦未為失望，燕、趙、齊、魯間此中古時代野蠻之風似尚未發洩，苟得人利導之，成吉思汗之事業固可再見於今日也。

日本軍國主義

德國亦歐洲之後進國，其人民亦尚能有此野蠻之風，賦性單簡，故樂為凱撒效死，所向披靡。如法蘭西則不然，野蠻尚武之風已為拿破崙發洩無餘，今日言戰殆不能不加軍士以迷信，且無君無神，迷信亦無從發生，故此次歐洲大戰，若德、若奧、若俄、若英、若塞、若孟，莫不於其宣戰書中大書曰：「求上帝保佑我軍勝利。」每次得勝，主帥報捷書亦必曰：「皆上帝之賜吾皇之福。」日本雖不言上帝，然亦尊重天皇，信佛信天，全國佛教亦嘗開戰勝祈禱之會。惟法國自開戰至今，其政府及主帥之公佈文未見一字道及上帝，非曰「賴國民結合之力獲此勝利」，即曰「賴國民服役，人道之熱心，我軍必得最後之勝利」。又法人保存黨一派曾聯名上書政府，要求以法蘭西共和政府名義祈禱上帝，法政府拒絕之，亦有最真最巨之價值也。

日本既以兵強雄其國矣，人民亦漸輸入歐洲之文明，退出其中古時代野蠻之境界，益以天性涼薄、舉止輕佻，遂一變而為欺詐驕誇之民，予誠不敢斷其將來之有幸，苟有良政府以增進民德為己任，或尚可挽救萬一，似現今之大隈內閣，仍是不度德、不量力，徒知愚其民使為強暴而一再鼓勵之，其不幸之來愈速矣。不觀夫德國乎？其政府愚其民使為強暴，其手腕措施無一不在日本上，大刀闊斧，勇往直前，識者尚謂其必敗，日本自思政府之良能及德國否？一隻紙老虎硬要東衝西撞，何苦來耶？予頗為日本不解。

總統非神授也

世界各國其最先之歷史不可稽考，類多以神稱，而日本為尤著，彼殆以神武天皇為神，至今猶泥於天皇即神之說，視神武之子孫無一非神也。中國歷史自黃帝始始成政治之性質，黃帝以前如天皇、地皇、人皇及世人所盛稱之盤古等亦神也，然一國之內稍有智識者均不加上古歷史上之神以迷信，革命時雖爭道黃帝，今五族共和，此說亦漸消滅，質言之中國殆不能再有他種之迷信矣。自茲以往，吾人言救國亦惟有如法國所云「賴國民結合之力」、「賴國民服役，人道之熱心」而已。乃事有可哂者，今之總統亦號神武，如係採總統即神之義，彼與總統共保東亞和平之日本人行將怒髮衝冠，謂總統乃敢與彼開國之天皇並稱，竊恐日人一怒而神武總統粉碎矣。神武總統又嘗著古服祭天，其形乃似四不像之怪物，可供動物園之陳列品，姑不置論，蓋予固非動物學大家也。苟予以心理學測度此等行徑，是總統殆自居為天子，故視天為父而祭之。夫天不可思議神也，天而有子亦神也，時至今日半空中忽降下一人面獸身之神來，詎非破天荒之奇事耶？嗟夫！予讀「國家將亡，必生妖孽」之句，予為中國淚下千百斛矣。

歐戰亦起因於軍國主義

甲寅三月間，歐洲戰事尚未起，歐之社會黨相與研究此武裝世界之結果，謂列強合縱連橫，抗不相下，惟日增其軍備以圖一逞，現雖未至決裂，而軍費之巨人民已弗克擔任，將來非國家破產即發生大戰爭耳。其一人又曰：「吾人預知此大戰爭必不能免，寧使其從速發現，俾得早了此劫。」其言哀且憤也。未幾，奧塞失和，全歐果悉捲入戰爭之旋渦中，苦戰一年尚無止意。竊念非一方面一敗塗地者，決無停戰之期，然至此時彼勝利之一方面亦未嘗不力盡神疲，一時不能恢復其元氣，是則軍國主義或亦可以與歐之人告別矣。

歐洲的社會主義

有拿破崙一戰，歐洲各國悉由君主專制而趨入君主立憲、民主共和之時代，人民悉得享憲政之幸福，此拿破崙所賜也。有今日奧、塞、英、德、俄、法、日、比、意、土之戰，將來所得究為何物乎？此一新問題也。今之歐人效死於疆場，各呼號其日爾曼主義、斯拉夫主義，似若津津有味，事後思之恐亦不值一笑，而復發生一疑問，究為何苦來也？社會黨復從而宣揚其說，於是軍國主義將望而卻走矣。今之社會黨所以贊助戰事者，雖似鑒於危巢碎卵之義，其實借此博國民之信用為將來之發言地也，故予敢斷定曰今日歐之人犧牲其如許之生命財產，將來所購之代價必大有可觀，縱不能達社會主義極端之境，然社會政策其進行必較今日倍其速率，可操左券也。

國際法庭將來會產生

將來大戰之後，國界問題究能打破否？此尚不能預言。然有可以斷定者，將來必有國際法廷能操絕巨之勢力以裁判國際上之衝突，不許有殘暴之行為，且此法廷乃較海牙平和會高出數倍，可斷言也。昨偶見報載美國曾開一大和平會，即係預備此種法廷之組織，並言美國各州曾有一憲法評判，曾專判州與州之爭執，即是此大會之雛形，而亦即維持世界和平之良法也。

有和平而不能坐享

千九百十年，美之巨富加爾鼐琪君曾捐資千萬金元為提倡世界平和之費，印度人在加爾格所辦之某報即發抒其議論，曰：「平和之談未始不美，世界平和之民無過吾印人者。然使今日亞洲、非洲之人長此現狀而不改，則其所享平和之幸福為如何？」又倫敦僑居之印人某亦致書於紐約某報，有曰：「吾為世界一份子，聞此豪舉不得不為世界文化前途賀。吾為印度一份子，素主張印度獨立者，則反對此舉宜最力。今某君所倡議者，實世界最不平、最不道德、最無人道之事，雖然，吾安得有反對之資格？奴隸之國必先享獨立而後可以言平和，奴隸人民必先破壞專制虐政而後可以言和平，蓋國必獨立、國與國必平等而後戰禍可弭而平和之幸福可享。」

予讀斯言，予對於未來之中國不禁又有許多杞人憂天之言矣。「世界平和之民無過吾印人者」一語，彼印人實言大而誇，乃竟撇中國人於腦後，其實中國人之愛平和不讓印人，今且過之矣。予本思普勸吾民靜坐以待世界平和之至，彼所謂世界國際法廷必以平和之餘瀝贈我最愛平和之中國人，然予言究足信否，世界將來究能和平否？予不敢力證其有。縱使有之，國與國不平等瞠乎人後，向人哀求平和之餘瀝，亦將羞死也。故予乃敢再誦倫敦之印人之語曰：中國亦奴隸國也，人民亦奴隸人民也，不求自立、不思破壞專制虐政，竊恐有平和乃不能坐享，即能坐享亦不能飽我饑腸也。嗟夫，國之人可以興矣！

袁世凱之專制必敗

予今作一比喻，以袁世凱之厲行復古政策，任用舊官僚行野蠻之專制為極可恭維者，如歐洲各國當日之厲行軍國主義相等，人民苦於負擔，願其破產或了結於一戰，亦惟祝袁氏速盡其復古專制之餘力，俾得早蹈亡國之禍或發生大革命之浩劫而已。蓋非死數度不能生，中國之現象已至如此，無可深諱也。

不可不言武事

有歐洲此次之戰爭為軍國主義之末運，彼日本人猶亂抓亂跳，思用其武力於中國，識者謂其大愚。然中國今日之徒言平和不修軍備者，或為世界所許矣，乃又不然。歐之人且引比利時為我借鏡，謂國立於世界，其國人無自救之能力者，必不可邀世界之憐恕，比利時非其類也，中國奈何乃不學比利時？夫學比利時非難事，在我肯學否也？如果願學，則此赤鐵黑血之事業亦非奇事，他國練兵必須三年或二年，他國人服兵役亦由立正稍息、徒手教練、持槍教練始，亦與中國相同，蓋均非生而知之也。且不獨比國如此，即英、德、俄、法亦莫不如此，中國又何不可如此哉？質言之，在此軍國主義尚未完全敗退之時代，吾人終不可不言武事，而吾人對內、對外且在在皆須求幸福、求安全於槍尖之上，人之必欲亡我之為快者雖不得為大智，我之束手待死者乃實大愚。國人宜抖擻精神，熬過此關，將來世界果有平和之日，以吾人素愛平和之根性處之，偃甲息兵亦大易事。譬之鄉人皆鬥於我側，我雖不鬥，然亦須摩拳以待以防波及，彼輩果息鬥者，我自下其手可耳。

歐戰中不願見法國敗

歐洲戰爭，各交戰國互以人道正義自詡，究竟孰是孰非，無論何人皆難判斷之。蓋以談人道正義者而竟至互相激戰，似均有過戾，然不用武力或又各有其不得已者在也。質言之，世界趨勢如此，且非如此世界不能進步，而軍國主義亦長無了結之日也。與其於此中求公理、別是非，毋寧加罪於軍國主義。然軍國主義非人也，亦非物也，亦無可從而罪之，則惟有太息於世界趨勢如此有必然者而已，太息之中偶存有一線之樂觀，則亦惟有希望此戰爭可以促進世界之文明，早了結此軍國主義之時代而已。如就目前論，德國以一國而抵抗數強國，無論勝敗均足為一世之雄，然此間堅決不屈者又有一比利時，其氣概亦足以自豪，雖國危邦覆，非戰之罪亦足與德並稱矣。至若法蘭西，似亦迫於不得已而戰，且其人民具有真正愛國之精神而深明國家之關係者，一日執干戈抗強暴，肝腦塗地而不悔，實至真至確之救國觀念有以促之，較彼日爾曼人、斯拉夫人、英吉利人迷信君主似為少數人所驅策者，誠有不同。故予自閱歐洲戰電以來，恒不願見法蘭西之敗，以法不可敗也。苟法而可敗，是示世界以共和國家之弱點，非世界人民之幸也。

佩服德人之雄風

國人有世界眼光者，恒曰德國不可敗，德敗而英、俄勝，中國瓜分於將來議和時，一言便了矣。此說也，予信之，且予亦甚佩服德人之雄風，但必恭維德人將來執世界之牛耳，平心論之，中國未必見佳，而世界或更不堪設想也。故予雖信是說而不願國人依賴之，國人值此世界多事之時，無論英、俄、德、法均有其優美之點可以供我欽佩、貽我教訓、俾我得受感覺而奮然興起，徒希望一方面之勝利，冀以苟延殘喘，其言齷齪、其意卑劣也。

英國與德國之戰

德人斥英吉利為鏗鏘之金錢而戰，又曰英當負此次歐戰首禍之責任，其言當否，非所敢知。然英吉利為偽君子，則予所深信者也。俄羅斯本一專制國，至今日乃不能不恃國民聯合之力以禦敵，是俄人苟立有奇勳者，將來固可向俄皇要求自由以償今日之勞績矣，故予頗謂俄人赴戰所得之價值較英亦為重也。質言之，今日之戰，英德之戰而已，一則強暴一則奸狡，一則真小人一則偽君子，欲求他日世界之和平，德當敗，英尤當敗，俄亦不可勝以長其專制之焰，惟有一法蘭西尚可恕耳。比利時以一小國乃為德之勁敵，其中德要害幾駕俄法之上，俾間接困英之計畫竟莫得而施，雖然，比固曰尊重其中立而禦強暴之侵其中立也，德縱有萬分無已之苦衷亦不能道出，故遂居強暴之名而不恤，是其中最苦者乃在德而不在比。當列日之戰，比橫當德軍進路，俾法國得以整理軍備、英師得以渡海、俄師得以入普，時至今日，德猶出東入西，疲於奔命，其苦亦可謂烈矣。然比利時立此奇勳且犧牲其邦土，天下後世猶不免評其為英之功臣而已，亦可歎也！

國際公法之不可恃

比利時為歐洲國際上衝突之中心，歷來禍亂之媒介，列強均抱一越國鄙遠之心，思翦此區區者，以為己有，特以一人投骨，群犬磨牙，因置之為甌脫地。是非相讓之結果乃相爭之結果也，非有所尊重而不敢動，乃有所顧忌而不得動也。一旦戰端開始，列強均視此為必爭之地，於是所謂公認其為局外中立者固可得而公破之，不過首先發難者雖得優勝之勢、先發之利，而大不韙之罪名亦隨之而已。然欲德國學宋襄公賈仁義之虛名，受身敗天下笑之實禍，德豈為哉？故吾人局外評論此事，固當尊重比利時，然亦不可厚非德國，且尤須知國際公法之不可恃，局外中立國之不可為，事至緊要關鍵時，無一種特殊之精神、毅然無恤之決心，不足以言立國之道也。

土耳其與德國聯手

今之人盡讚美比利時而厭言土耳其，其實比之於英、土之於德似同一關係也。德土交歡，以巴格達大鐵路為媒介，此路由柏林經過君士坦丁，橫貫小亞細亞，出巴格達及波斯灣口，德實利用之以行其殖民之大政策，且同時為世界交通上之大革命。彼蘇夷士航路及西伯利亞鐵路或將因此而銳減其價值，英俄均有不利矣，故英乃漸易其防俄之政策，變其維持達達納爾海峽阻俄海軍出路者為仇土之舉，且又恐俄於黑海先得勝利，乃皇皇然先以海軍叩土之海濱而問罪。然土耳其究如何乎？謂其純粹為德之傀儡，殊不儘然，蓋土耳其回教國也，其土地在歐洲者介居於耶教國之間，次第為耶教國所迫壓，今日割五城、明日割十城，迨至最近之巴爾幹戰役結果則捉襟見肘，幾不能自存於歐洲，徒以英俄之暗潮乃保有一角，國家至此，焉有不思圖強雪恥者？今益以巴格達鐵路之關係，歐洲土耳其所失地悉漸成斯拉夫人種之勢力，舉柏林至巴格達之通路茅塞而橫梗之，使德之巴格達政策大受影響，是德亦頗不願土之失勢於歐洲也。土德聯合，德雖具莫大之野心，而土亦實苦心孤詣，冀雪近年來之深恥巨辱。達達納爾海峽一戰，抵拒英、俄、法腹背水陸之夾攻，力不少衰，志不少餒，其精神與價值可以供人之敬慕，不讓比利時也。

比利時宜支配現勢

英比之關係，德人言之嘵嘵，我中立國人不為此日爾曼之口吻。但遠觀一九一一年比國上下兩議院關於軍事之討論，足以證明比國實欲脫去中立之羈絆加入最強者之一面，其理由書有曰「比之永遠中立，乃所以保全歐之均勢」，陳詣甚高。比以絕大代價始易得此中立條約，世人方為比幸，實則比之困難及危險有此乃更甚。今為比計，當請列強開一公會取消比之獨立，則比庶得自由，倘非然者，一旦德法有事，比為中立所束縛，勢將盡驅其民與首犯中立者抵抗，因此之故，比遂不得不助乙國而敵甲國，既助乙國則以其運命與乙國相連屬，即使比兵戰勝，乙國不競，比亦同受其害。在戰略及政策上論之，比宜支配現勢不宜為現勢所支配也，且比人不得謂敵兵入比境後始為犯比中立，須知敵於比境附近集兵已早犯比中立，此則德法所同，比又何必俟其力強者之一面敢於穿境而過者乃起而與之敵，事之蒙昧有過於此者乎？況兵之取攻勢者，其力恒強於取守勢者而勝敗之機先伏，比又何必常於敗之一方面聯合其運命而不加擇別於其間乎？總觀此言，是則比之於英法或亦最後擇別而得之良友也。既言有所擇別，則比之敵德或不僅為中立問題，而另有一種特殊之精神足供中國人之讚歎也。

比利時應脫去中立

「比宜支配現勢，不宜為現勢所支配」一語，此即比利時特殊精神之所在也。比前此之為中立國，受現勢所支配也，然其害比人已歷歷道之矣。今欲支配現勢，則自以脫去中立為先務，蓋非脫去中立不能擇別一國聯合之以支配現勢也。最近戰役，比雖未實行脫去中立，吾人苟不敬重其特殊之精神，則隨人之後痛詈德意志而已。然詈德之於比利時無益也，於我國尤不必有此一副長喙也。且青島之役我國受中立之害苦矣，吾人苟欲尊仰比國之特殊精神而竊思步武，則宜熟讀前文，須知「永久中立」四字至和平之美稱也，而比以為束縛，且欲解除之，是介於兩大之國明明無中立之餘地而倚賴中立，是為無立國之精神者矣。比因具有此立國之特殊精神，故終克出於一戰以期支配現勢。吾人與其敬重比為自保其中立而戰，毋寧謂其雄風泱泱為支配現勢而戰乎？此外又有一必知之點，則我國乃真為為現勢所支配之國也，將來列強媾和時，我無發言之權而為分割之料，是可為痛哭流涕矣。流涕之餘，不獨無面目對比，且又何敢望與土耳其並論？故我乃極力贊土，謂其亦有支配現勢之雄心，與比利時同一可敬也。

比利時面臨抉擇

德之人有謂比利時實愚者，英、俄、法之人亦有謂土耳其實愚者，然皆讕語也。比苟不敵德，讓其假道出師，英、俄、法三國必將仇比，萬一德人得最後之敗績，比將與德同處不幸之厄運中，且先德而受協商國臠割之害。即使德獲勝利，將來德之處比又如何？竊恐非假道之誼即可動德人友愛卵翼之心也。予於此敢斷定比如聯德當不僅許德假道，且必隨德與協商國為敵，如今日之與英法聯軍之情形相同，蓋非出之一戰，比終不能達其支配現勢之目的也。但與德戰亦戰也，與英法戰亦戰也，此其間究與英法戰乎，究與德國戰乎？此在比之自擇，且此種之擇別尚非根本問題，根本上之大計畫惟在一戰字，擇何方面而戰，此不過計畫上一種應用之手續耳。

且比之人固嘗言曰：「摩洛哥問題未定以前，德實為比好友；摩洛哥問題既定之後，法或較德為佳。此中宜大加審慎，未可冒昧從事。或直派參謀官駐紮於德、法、英、荷四國使館，細心研究此事，當以全國之利害為本位，不當以感情之作用為本位也。……比人受法之文化最深，常為法之意見所轉移，至宜注意。德為聯邦帝國政體，法為共和政體，就兵事言，比終以向德為愈。法自共和以來，內政分裂，日趨微弱，德則蒸蒸日上，有旭日當天之勢，況在兵事上原須保存一極大之階級思想，以共和為政者萬難與帝國主義相馳騁也。」以上之言，見諸一九一一年「遠東通信」《比議院國防問題軍事脫立中立之辯論案》，所言即親德主義也。是可知比固嘗欲與德攜手也，今改其方略以聯英法，使德居侵害中立之惡名，而比則義正詞嚴，博世界各國之稱許，比固未失計也。但其未失計之處不全在拒德入境之時，追憶一九一一年議院辯論之情形，尤不能不深歎比軍事家用意之深遠也。此中又有一可稱述之點，比人明知法之共和政體不能與強暴抗，今毅然從之，人民又極受法民之感化，發揮其至真至確之愛國精神以救垂危之國，尤可敬也。

土耳其亦面臨生存之抉擇

土耳其之情形較比利時尤為迫切，試思歐戰之導火線非近東巴爾幹問題乎？巴爾幹問題亦即土耳其致命之傷也，土即不戰，他日歐戰了結，土欲不為現勢所支配，能乎抑不能乎？欲求不罹此劫，則惟有期望支配現勢，然則戰而已矣。聯德而戰擇其為害少輕故耳，戰而勝，土從此將振其國威，盡驅斯拉夫人種於歐洲土耳其以外，以雪近代之仇；戰而不勝，受列強之臠割，亦土之分也，且無可倖免者也，亦無所謂愚無所謂不愚也。

義大利背盟而守中立

義大利太無丈夫氣，背盟而守中立，斯守中立可耳，乃久而又久，思乘奧人之疲敝，甘心於奧，德人譏之，謂其自暴棄應得之權利而縱身自投於不幸之漩渦中。予意則謂加入戰爭原不惡，背盟亦不可厚非，惟欲仇奧則一九一四年之秋即宣戰可耳，待至今日乘人之隙，非予所取也。然開戰以來已及二月，又無煊赫之戰功可言，何苦來哉？

英人驅印度人於戰場

英人驅印度人於戰場，人為印人悲，予為印人喜。蓋印人為奴久矣，茲得有當兵之資格，且立戰勳，印之人或有昂頭吐氣之日矣。予固嘗聞有當兵之義務者必有自由之權利，此義務固可求得此項權利也，印人其勉之！

歐戰中最遭不測者莫如波蘭

歐戰中最遭不測者莫如波蘭，俄德之人戰於其野，屠其人民，火其屋宇，波之人無罪於俄，亦無罪於德也。且波蘭人分裂其土為二國之奴隸已非一日，方冀托庇於大國可坐享和平之幸福，詎知二國乃假其地為搏逐之場，使遭池魚之殃，波之人何處呼冤哉？此外又有最妙之點，二國均以波蘭救世主自命，俄人曰吾將奪德所取之波蘭土地重立波蘭王國，德人亦曰吾將使俄人棄其波蘭一部分之領土為波蘭王國重建之基礎，一若此戰乃為波蘭爭其舊都、復其故物而發，然細繹其言，則不過慷他人之慨而已。且預計特派一親支貴族戴波蘭之王冠，使永遠為其附庸，於波人奚益焉？而彼強大之國反借此自詡為人道、為正義，其實苟真為人道、正義者，各自棄其所占之波土，畀波之人立國立政府可也，戰又胡為者？自吝其所有而欲奪人所有以施恩，又胡為者？予竊為彼強大之國羞。

戰爭是無聊之事

各屬地之戰爭亦是至無聊之事，苟他日本國敗者乃以畀人，胡如當初不奪之為愈？使本國而勝也，則以一紙條約劃入本國版圖可耳，今日碌碌又奚以為？

武備軍事不可廢

歐戰聲中有一最新穎之名詞曰「教訓」，不獨歐人言之，即遠在西半球之美利堅前總統羅斯福亦發洋洋大文刊諸雜誌，標其題曰《吾人所得歐洲戰爭之教訓》。文中歷述比利時、盧森堡二國之受禍，國際條約之不可恃，巴拿馬炮臺之不可不築，每年製艦費之不可裁，武備軍事尤不可不講，其措詞可謂激警矣。美猶如此，我將如何？或曰我中國遠處東方，既未曾與人締結國際條約以鞏固國境，又無巴拿馬運河炮臺之可築，更無基本之海陸軍隊可以為增師製艦之擴充，醉生夢死於此而足，又何必遠引羅斯福之名言擾國人沉酣之深夢？予曰：罪過哉！

教訓實即是侵略

又聞之甲國以武力壓抑乙國，亦謂之曰「教訓」，德之敵英、俄、法也，其宣言曰英實世界動亂之媒孽，俄尤野蠻橫暴之巨擘，其他如法、如比均各有其非，吾德將加之以教訓；然英、法、俄、日之仇德也，亦宣言曰德為半野蠻人種，予等亦聯合而加以教訓。好事者且列為預想之條件，曰德將取消其陸軍第一之資格，並讓海上霸權於英，是則德國所得之教訓也；而德之軍人又抗言報之曰，吾德所得之教訓，戰勝即正義一語而已。血肉横飛，詈聲充耳，吾人果以何種根據而評判其是非乎？

中國當加強軍備

予於此而又有感，列強互以野蠻相詈，互以武力加於其所指野蠻之國，列強究孰為野蠻孰為文明？在此一篇洋洋教訓未終了之前，終不能以空言解決之，惟將來戰事結局勿論誰勝誰負，必能各得其心領神會之教訓而去，斯可知也。然返觀吾國豺狼當道，狐鼠横行，是真為野蠻國也。設有他國以野蠻詈我而加我以教訓，其若之何？即使如一般袁政府卿大夫士所云，現中國已成承平之世，而外人必如英之詈德、德之詈俄，無端加我以野蠻之名詞，又無端而興師動眾，不遠千里而來加吾國以教訓，吾國又將如之何？予對東鄰，予已心懼，然予料中國之後患乃不僅此。英加德以教訓、德加俄以教訓，美人旁聽此教訓而去，即有人提倡預防之道，吾人不善旁聽而坐待此教訓之來，其來也，如村學究之撲頑童，鞭撻從事矣。今日有受東鄰之鞭撻而嚶嚶啜泣者，然他日尚有甚於鞭撻者又如何？是宜速自猛省已！憂時之士痛哭陳辭，雖不敢上儕於羅斯福，然世界有益之言固不專出諸羅斯福之口，愚者千慮亦有一得也。

歐戰給國人切身之教訓

歐戰以來，全球震動，即缺少世界眼光之中國報紙亦多傭譯人紛紛譯英、美、德、日諸報之陳言實諸篇幅，大標其目曰「歐洲之戰報」、「世界之風雲」。吾國人鑒於市面之恐慌，西人之紛紛回籍，洋貨之缺少及暴騰，青島之戰事、山東人民之流離遷徙，亦知中國而外實有此意外驚天動地之奇禍，不得不向報紙堆中閱其事實以資談柄，是即引起國人注目世界大勢之好教訓也。但此教訓為印板文章，未經名人為此詮解，又無良教師為之教授，其中利害之關係固仍茫然無知也。不幸而又有中日之交涉起，國人受此番切身之教訓，對於歐戰或又加一層之注意矣。

中國成為歐戰之博注

戰事愈延長，各交戰國所抱之欲望必愈擴大，但在戰爭未結局之前多不以其腹稿示人，惟有心人得於暗中揣測之。欲求一語以包括其戰爭結局之目的，則欲圖一勞永逸之策，且恃其戰勝之獰威，攫取許多之利益以償其戰爭之損失而已。現時足以供此項之損失者，在歐洲惟巴爾幹及近東土耳其耳，但此巴爾幹諸小邦亦多加入交戰國之列，究之事後孰先受分割之痛者，當以德之勝負為標準。使德而勝也，與德為仇之塞爾維亞及們的內哥羅自應供德之烹割以泄其忿，如土耳其者似有可圖暫時之安全也。使德而敗，塞、們二國附諸英、俄、法三強之驥尾，同時亦得以戰勝國自豪，而土耳其乃有滅亡之禍。土耳其如亡，俄國或有利益，至若英、法二國實無最大利益之可言。且此中關係雖為此次戰爭之導火線，而其所以小題大作、捨死力爭者，乃在夫孰握海上霸權、孰握陸上霸權之點。因欲解決此點，乃各投其一星之火燃此導火線，成此巴爾幹之爆裂。此爆裂之地在戰爭終局後必狼藉不堪，實無得此可樂之趣味。吾人苟一思之，此時之中國較諸巴爾幹戰血餘腥、荒涼滿目者如何？吾人自幸其安全，彼新握海上霸權、陸上霸權之戰勝國亦將羨慕吾人之安全，攫取吾人安全之樂土為彼戰勝國之勝利品矣。譬如一大博局，其中呼么喝六之人悉皆豪商大賈，其勝負殊不能以局中之現有貨幣計，而天下名都大邑之巨產、巨大建築實為此局中之博注。嗚呼痛哉！中國不幸此時乃成一博注，而爭其勝負者即彼英、俄、德、日也。至於巴爾幹及土耳其，不過博局中暫用之貨幣耳，可不歎哉，可不懼哉！

歐戰瑣談

談歐戰至此，人問予胡以為此瑣匕之談？予曰是即予個人所得之教訓，取以形諸筆墨，此一寸心固是喚人愚夢之赤心也。人問予何不作大塊文章寫之？予曰予不文，不敢厚顏亦作戰役史論。史論二字尤予所畏，隨便談談，只好填筆記之篇幅也。

金聖嘆批《推背圖》

偶閱七月十八日《時報》北京專電，袁世凱總統府之內史監致函內務部，請查禁坊間出版之《中國預言》。予亦嘗於報紙廣告中見有《中國預言》之廣告，大標其題曰「金聖歎手批本」。予頗喜閱金批之書，然予卻不信此種荒唐之說，故等閒視之，未一購閱。後見查禁之電，好奇之心生，遂亟購一冊閱之。看來看去，總看不出袁家天下的好處來，宜夫此老之勃然憤怒，毅然查禁也。是書雖曰金批，然亦不過《推背圖》六十段並一金序而已，其序亦僅言《推背圖》，而呂望《萬年歌》、諸葛亮《馬前課》、李淳風《藏頭詩》、邵康節《梅花詩》、劉伯溫《燒餅歌》、黃蘗禪師詩等篇並無聖歎隻字，書賈匯刻成編，統名曰「金批秘本」，亦欺人之道也。金批《推背圖》，證其已往之事至三十三象而止，此象乃滿清入關之徵。若三十四象成何事實，聖歎固無從臆測也，故其言曰：「證已往之事易，推未來之事難。然既證已往，似不得不推及將來，吾但願自此以後，吾所謂平治者幸而中，吾所謂不平治者幸而不中，而吾或可告無罪矣」云云。予閱是書，首注意金批，故於三十三象以前有金批證實已無舛誤者毫不注意，而於三十四象以後加以思索，求其與金批是否符合，覺金亦有談言微中之處，代為補證數則列後。

《推背圖》三十四象指太平天國必敗

三十四象讖曰：「頭有髮，衣怕白。太平時，王殺王。」頌曰：「太平又見血花飛，五色章成裹外衣。洪水滔天苗不秀，中原曾見夢全非。」金批曰：「此象疑遭水災或兵戎，與天災共見，此一亂也。」予曰此象主洪秀全太平天國之革命，「頭有髮」言長髮也，「太平時」言國號也，「王殺王」言東王、北王之自相殘害也，「洪水滔天苗不秀，中原曾見夢全非」二句嵌入「洪秀全」三字，且又隱指曾國藩之姓、太平天國之必敗也，妙極準極。

《推背圖》三十五象指英軍火燒圓明園

三十五象有「西方有人，足踏神京」之句，又有「帝出不還」、「帝子臨河築金台，南有兵戎北有火」之句，實指咸豐出狩熱河，英軍火焚圓明園之事。金批曰：「此象疑有出狩事。」此言中也。

《推背圖》三十六象指慈禧庚子西狩

三十六象頌曰：「雙拳旋轉乾坤，海內無端不靖。母子不分先後，西望長安入覲。」金批曰：「此象疑一女子能定中原，建都長安。」予曰金先生誤矣，此主西太后庚子出狩西安之兆，第一句之「拳」字並含有拳匪之意。女子固是女子，長安亦是長安，惜西太后乃非定中原之女子而為覆滿清之女子耳，然亦足見金先生妙思，亦能稍得其端倪也。

《推背圖》三十七象指清亡後南北共合

三十七象讖曰：「漢水茫茫，不統繼統。南北不分，和衷與共。」頌曰：「水清終有竭，倒戈逢八月。海內竟無王，半凶還半吉。」予曰此象乃清亡之徵，「漢水茫茫」指武漢首義之地，「倒戈八月」指首義之時，「水清終竭」、「不統繼統」指清亡之宣統朝代，「南北不分，和衷與共」嵌入「南北共和」四字，「半凶半吉」亦是民國共和宣佈後之實情，且半吉似屬袁字，蓋言共和半凶之故乃在此袁氏之當權也。金批於此象乃不能置詞，此殆金所不能料者。南北共和真是空前絕後之事，予非生在金後得見此舉，又焉能言之歷歷乎？金序又有曰：「胡運不長，可立而待，毋以天之驕子自處。」使金當時知此象即為清亡之徵，其欣喜當何若？惜哉其不知也。雖然，三十七象以前之事既如是真確，三十七象以後之事又焉知不一一非偽？予智不及金聖歎，又烏從推測之？乃就金批所推測再贅數則。

《推背圖》三十八象指歐戰

三十八象讖曰：「門外一鹿，群雄爭逐。劫及鳶魚，水深火熱。」金批曰：「此象兵禍起於門外，有延及門內之兆。」予曰此即指歐戰言也，《推背圖》至此遂具有世界眼光，可謂極妙。

《推背圖》三十九象指日本侵華

三十九象有「鳥無足，山有月」之句，似指青島。又云「旭初升，人都哭」，是明明指東鄰日本之禍矣。金批云：「此象疑一外夷擾亂中原。」信然無訛，且此象尚有「十二月中氣不和」之句，似尚切合舊曆甲寅十二月之事，日本要求條件固於是月遞出也。

《推背圖》四十象似指民國四年事

四十象有句曰「一二三四」，似指民國四年。又云「一口東來氣太驕，腳下無履首無毛」，「一口」即是「日」字，「無履無毛」恰恰畫出一個日本人來，惟末句有「生我者猴死我雕」之句，以嵌字法測之，其中乃有「猴死」二字。或曰孫中山亦猴也，究竟民國四年該死者是那一個猴，則非予之所敢知也。

《推背圖》四十象後實無從推測

四十象之後實無從推測，閱金批亦不敢謂其言為是，惟四十一象有「稱王只合在秦州」之句，參考他篇，如《梅花詩》亦有「豹死留皮，長安秋色」之句，如禪師詩又有「旗分八面下秦州」之句，豈亡清死灰尚有在西安復燃之一日乎？予頗不信其有此。

《推背圖》四十二象有「美人自西來，朝中日漸安」之句

四十二象有「美人自西來，朝中日漸安」之句，有「中日安」之字樣，或者此時因美國自西來而中日交涉遂無事矣，是亦可喜之兆也。惟四十五象又云「有客西來，至東而止。木火金水，洗此大恥」，又云「金烏隱匿白洋中，從今不敢稱雄長」，或木鞋兒尚遭教訓也。

《推背圖》五十九象似指世界大同

予所最喜者為五十九象，此象數將終矣，其詞曰：「無城無府，無爾無我。天下一家，治臻大化。」又曰：「一人為大世界福，手執籤筒拔去竹。紅黃黑白不分明，東南西北盡和睦。」金批曰：「此大同之象。」予亦曰至此而世界大同矣，世界亦終有大同之日矣。在此象之前之五十六象又有句曰：「飛者非鳥，潛者非魚。戰不在兵，造化遊戲。」可見促進世界大同者仍賴戰爭，非可坐致，然則今日武備不可不講矣，此言也望人勿以荒唐之言而鄙棄之。

《推背圖》之跋言

此書之發刊，其跋言有曰：「民國時代例無忌諱。」蓋在君主時代，個人之天下患得患失，故惡此書。若五族共和，其間絕無個人之得失，只寓國運之盛衰，為總統者禁之何為？

張邦昌屢遇奇運

宋張邦昌，齷齪小人也，然其人乃屢遇奇運。當元符三年時奉旨出使高麗，適其國王薨，國人重中國使人，權立邦昌為王，旬月後宋帝詔還之。靖康中又奉旨使金營，金人圖滅趙，立邦昌為楚帝，服袞冕朝百官三十餘日而罷。嗟哉！此人命宮中不知主何星曜，乃能屢竊南面之權，作臨時之國王及皇帝。予於此乃大為項城悵恨，惜未具有張邦昌之命，雖曾出使高麗，阿附異國，乃尚不能得皇帝一日半日之冊封，碌碌長年，行將就木，深羨張邦昌之奇遇而不能達其的，天耶時耶、運耶命耶？袁崇煥有知，亦當為彼力圖上進之孝子賢孫灑幾點悲憤之淚，呼天夢夢也！

各省方言以蘇州語為優

暇時偶與友談中國各省之方言當以何處為最優，予首取蘇州語，友問其故，予曰吳儂軟語最適於表情。今試隔鄰而聽吳娃語聲，無論其人妍醜奚若，其語聲之纏綿，總足使人之意也消，可愛也。又有論吳歌者，其言曰吳音清柔，歌則窈窕洞徹，沉沉綿綿，切於感慕，故樂府有〈吳趨行〉〈吳音子〉，又曰吳歈，皆以音善於天下，他郡雖習之不能及，可見自古已有定論矣。

男女之情

世間男子喜怒哀樂之事，其極點恒在女子之身，縷列之以見一斑。夫最可喜者美人之眼波也，且尤不止眼波，世有作美人百態詩者，是美人自頂至踵均可喜也。最可悲者思美人不見，求美人復不得，或與美人有情而事不諧，凡小說以苦情、哀情名者，其間固不能脫出男女之窠臼也。他如最可厭者為醜婦多作怪，最可怕者河東獅子吼及悍婦詬誶之聲，最可聽者為小女子之歌喉，最可樂者為意中人之來歸，均皆其最著者也。世無女子，男子必無喜怒哀樂七情之可言，而世間之喜怒哀樂悉發軔於男女之間。予於此乃深羨彼世間多情之眷屬，並讚美其為極樂國中人，而於彼生無豔福者又不禁為彼抱一片同情之痛，且歎孽海茫茫，眾生苦惱，乃不僅我一人也。

教育兒童宜循循善誘之

予弟昨詢予一事，略謂中國幼童恒畏見外國人，何故？予思此問頗有研究之價值。蓋中國父母長上之撫孩提，遇其啼哭或有所乞索時恒以外國人恫嚇之，並造作種種無稽之談，謂外人如何暴厲，當之必無幸，以止小兒一時之啼聲。譬諸《三國演義》所述，人聞張遼之名，雖小兒亦不敢啼，其實小兒焉知張遼，更焉知張遼之可畏？不過父母長上一時，故意渲染張大之，不期而輸入兒童腦中耳。在父母當時之意，亦不過止小兒暫時之聲張，然其為害乃種植小兒以畏外人之劣根性，至成人時或半成人時，每見外人終不自覺而生畏懼。又譬如人本不畏鬼，且深知無鬼，亦因童時常受恫嚇之故，腦筋中畏懼之夙念終不能自拔，意氣消沉，精神頹喪。人既不武，國焉不弱？是在此後之為父母長上者有以救正之，其實教育兒童之法只宜啟導之，循循善誘之，不在作此無稽之談恫嚇之以傷其腦也。

陸放翁為情所困

古來詩人名士，最不幸者為陸放翁。予此言甚怪，特以陸之事實證之。放翁初娶唐氏女，伉儷相得，弗獲於姑，陸出之未忍絕，為別館住焉。姑知而掩捕之，遂絕，後改適同郡宗室趙士程。春日出遊，相遇於禹跡寺南之沈園，唐語其夫為致酒肴，陸悵然賦〈釵頭鳳〉一詞曰：「紅酥手，黃藤酒，滿城春色宮牆柳。東風惡，歡情薄，一懷愁緒，幾年離索。錯，錯，錯！春如舊，人空瘦，浪痕紅鮫綃透。桃花落，閒池閣。山盟雖在，錦書難托。莫，莫，莫！」唐見而和之，未幾怏卒，放翁復過沈園，賦詩哭之，已足稱情天之恨事矣。後放翁之蜀，宿一驛中，見題壁云：「玉階蟋蟀鬧清夜，金井梧桐辭故枝。一枕淒涼眠不得，呼燈起作感秋詩。」詢之則驛卒女也，遂納為妾。方半載，夫人逐之，此夫人當非唐氏女可知也。妾臨行賦詞曰：「只知眉上愁，不識愁來路。窗外有芭蕉，陣陣黃昏雨。曉起理殘妝，整頓教愁去。不合畫春山，依舊留愁住。」此又一恨也。賢妻美妾無福能消，悍婦惡姑此情誰怨？亦難乎其為放翁矣。況放翁處天下多事之秋，中原板蕩之日，腥羶遍地，胡患彌天，放翁一生又碌碌不得志，望空揮淚，無處埋愁，不得已而寄情香豔，聊以自遣，又復遇如許之恨事，反加煎縛。「篋有吳箋三百個，擬將細字寫春愁」，翁詩曾自道其恨矣，悲哉！

怪人龔半倫

龔定庵生平放浪不羈，頗愛婦人，所遇亦甚奇，故晚年有「試問英雄末路裡，溫柔不住住何鄉」之詩，雖傷心語亦得意語，蓋終有鄉之可住也。其子孝拱較乃父尤怪，所謂上有好者下必甚焉者殆是。孝拱初名公襄，後乃屢改其名曰刷刺、曰橙、曰太息、曰小定、曰昌匏，愈改愈奇僻。嘗入粟一應京兆試不售，大恚，由是棄舉子業。好為狎邪遊，顧以性冷僻、寡言語，落落寡合，中年益落魄不堪，至以賣書為活。旅居滬上，與粵人胡寄圃相識，時英使威妥瑪方立招賢館於上海，延四方知名之士佐幕府，胡以孝拱薦，威與語大悅之，乃就孝拱讀《漢書》，由是西人以孝拱為英使之師，呼「龔先生」而不名，一時道學先生遂群起攻之。孝拱因益放浪，嘗倡言：「中國天下與其送於滿清，不如送與西人。」庚申之役，英師入京焚圓明園，謠傳為孝拱所畫策，並飽載金玉重器以歸，於是人益不齒之。孝拱遂又自改其號曰半倫，半倫者，言其無君臣、父子、夫婦、昆弟、朋友而僅愛妾耳。求幸福齋主人曰：傷哉，此名乎！夫人而不相容於父子、夫婦、昆弟、朋友之間，其人心緒之惡劣之悽愴可知矣。然婦人女子乃有能相容之者，是婦人女子不亦可感而可愛耶？顧人生不得志，僅寄情於婦人女子，然亦大可傷矣。

後又閱《孽海花》說部，言半倫有二妾，凡著書時一妾磨墨、一妾畫紅絲格，可謂極人世之豔福。詎知某年正月二妾乃同時遁去，是雖欲聯繫此半倫而不可得，從此想當更名曰不倫矣。嗚呼傷哉！人生至此，尚有何言？至於就館英人，倡言排滿，在當時為惡德，在後世為美談，惟圓明園一節不無可疵。然半倫並未致富，臨終時僅遺一值價五百金之碑帖碎剪之，足見其窘。當時人鄙棄之過甚，又惡其好謾罵人，或造作圓明園之謠以汙之未可知也。又聞人言，曾國藩欲羈縻半倫為己用，設盛宴款之，微露其意，半倫大笑曰：「以僕之地位，公即予以官，至監司止耳。公試思之，僕豈能居公下者？休矣！無多言，今夕只可談風月也。」是其人乃高尚如此，鄙為外奴孰信之哉！

風流才子龔定庵

龔定庵性怪誕而詩詞偉麗，足動人。旅京都，乃與榮恪郡王綿億之子所謂明善堂主人某貝勒之福晉私，事發，引疾歸。晚年又眷一妾曰靈簫，別有所私，竟以藥酒死定庵，或又曰某貝勒不忘舊恨，陰遣客酖之。是則定庵所謂溫柔鄉者乃死鄉耳，然而死亦風流，死亦清淨，較彼令郎半倫聯繫半倫而不可得，生受潦倒淒涼之苦，猶差勝一籌也。

伶人汪笑儂

龔數十年後又有汪笑儂，以明經擁某王邸皋比，邸有寡妃，與私焉。久之，為羽林軍主者所偵知，竟將一對野鴛鴦縛送宗人府請治罪。西后及禮王均以家醜弗可外揚，褫汪明經頭銜而反妃於王邸，後汪之江左，攜一中年佳婦，即是此妃。妃善歌簧皮諸聲，汪則擅弦索，漸亦能歌。及為上海天樂窩琴師，貧不能自給，遂亦拾閨中人之唾餘，上紅氍毹唱鬚生，以伶隱之名大振江左，現猶在燕京亂唱《馬前潑水》也。此事奇極，其豔福且較定庵為多，窮書生固可以傲名士矣。

奇異的死法

《江淮異人傳》戴沈汾隱居樂道，家有二妾。一日，謂妾曰：「我若死，爾能哭乎？」妾愕然曰：「胡出此不祥之言？」固問之，曰：「苟若此，安得不哭？」汾曰：「汝今試哭，我觀之。」乃升榻而坐，強二妾擁袂而哭，哭至傷心處，汾竟死矣。此種死法甚妙，若使龔半倫如此死，其樂當無藝也。

世事如棋局

予不愛下棋，昨年遊東京，人強我為之，一二子後即推盤而去，見他人津津視若異味，習為之終日不倦者，頗以為異，然亦不願趨視之。人問何故，予曰：「下來下去終在這圈圈內爭勝負，跳不出圈兒外，誰耐煩用此心機？且予不特棋也，凡種種事欲我無端多用心，我即弗願為之。」雖然，此僅言棋耳，其實世間事即一局棋耳，跳來跳去誰又在圈圈外者？予生二十餘年，自問尚有才智，欲自勉為一陰愎之人與世人爭一日之長，似尚不弱，然得之奚益？遂不屑為，以成今日之冷僻怪誕。然予又非厭世也，厭世亦無甚益處，雖日日宣言曰予厭世、予厭世，然亦跳不出世界外，又何必言厭？亦惟有自適其適，得過且過，今日有機遇為聖賢英雄即為英雄聖賢可耳，明日不幸而必墜落為罪人賤夫則為罪人賤夫可耳，我與世人本無爭，苟世人欲強與我爭者，亦如下棋至瀕危之時，亦不得不少用心思，聊以對付，非以求勝，自然而然故也。世有智者，孳孳不息，攘臂而爭，兼程而進，甚或倒行逆施以求旦夕之幸，視予苟安或尚較彼稍佳矣。用以自慰並以自解，亂世之人或嘉予言。

朱元璋的手書

田北湖為其遠祖田興作傳，述其遠祖興與明祖之交誼有同兄弟骨肉，顧興成不居功以布衣終，明祖特遣使人持手書召之於六合，其書的係明祖親筆，有足觀者，選錄於下。書曰：

元璋見棄於兄長不下十年，地角天涯，未知雲遊之處，何嘗暫時忘也？近聞打虎留江北，為之喜不可仰。兩次召請而執意不我肯顧，如何開罪至此？兄長獨無故人之情，更不得以勉強相屈耶？文臣好弄筆墨，所擬詞意不能盡人心中所欲言，特自作書略表一二，願兄長聽之。

按：明祖此言罵盡一切文縐縐之人。嗚呼！文人所長者筆墨而已，恃其所長故遂好弄，然乃不能盡人心中所欲言，是文字果有何用，不亦可以休乎？

昔者龍鳳之僭，兄長勸我自為計，又復辛苦跋涉，參謀行軍。一旦金陵下，告遇春曰：「大業已定，天下有主，從此浪遊四方，安享太平之福，不復再來多事矣。」我故以為戲言，不意真絕跡也。皇天厭亂，使我滅南盜、驅北賊，無德無才，豈敢妄自尊大？天下遽推戴之，陳友諒有知，徒為所笑耳。

按：明祖此語是何等胸襟！然以明祖之雄才大略，猶有此良心上一句謙詞，世無豪傑，徒使小兒曹妄自尊大，是亦更可笑矣。

三年在此位，訪求山林賢人，日不暇給，兄長移家南來，離京甚近，非但避我，且又拒我。昨由去使傳言，令人聞之汗下。雖然，人之相知莫如兄弟，我二人者不同父母，甚於手足，昔之憂患與今之安樂所處各當其時，而平生交誼不為時勢變也。世未有兄因弟貴惟是閉門逾垣以為得計者也，皇帝自是皇帝，元璋自是元璋，元璋不過偶然作皇帝，並非一作皇帝便改頭換面不是朱元璋也。

快人快語，非真英雄誰道得出原來作皇帝是偶然之事？有什麼天縱聰明、聖文神武，若一作皇帝便須改頭換面，真不值一笑也。雖然，一切事皆當作如是觀，勿為文人所愚俗情所動，才是腳色。

本來我有兄長，並非作皇帝便視兄長如臣民也，願念弟兄之情，莫問君臣之禮。至於明朝事業，兄長能助則助之，否則聽其自便，只敘弟兄之情，不談國家之事。美不美江中水，清者自清，濁者自濁，再不過江不是腳色。

元璋

煞尾說兩句江湖話，真不愧英雄本色。

統觀全書，誠非文人所能下筆，尤足見明祖係一爽快男子，非皮裡有血、眼裡有筋，銅枷鐵索牢不自拔者。此種文字真是千古奇文，不特歷代帝王家無此一副筆墨，即自命為英雄豪傑之一般人又孰曾慷爽若此？予讀此文，痛飲三大杯黃酒，浮一大白。

相思到死無他語

相思之相字有交互之意，蓋指男女雙方而言也，然亦有僅為一方面者，如平兒不愛我我愛平兒之類，是之謂單相思。但單相思有時亦可為雙方相思之起點，而且可以促進雙方之相思也。又有一種人，偶見古來書冊中之美人才子而羨之慕之，亦成單思之病。相傳某閨秀愛讀《紅樓夢》，必欲嫁寶玉哥哥，家人焚其書，乃哭寶玉數聲而死，即此類也，是之謂夢幻之單相思。又有一種人本無所思，然以人生適意之故，終不可無佳人作伴，而目中所見之佳人又非我意中所有之佳人，遂潦倒淒涼，以為佳人實不可得，然腦中、心中固時時常存一理想之佳人之面影也，是之謂理想之相思。

予有〈蝶戀花〉小詞云：「人人都道相思苦，儂不相思，也沒相思侶。苦到孤懷無定所，看來還是相思愈。天若憐儂天應許。儂願相思，可有相思女？倘得相思恩賜與，相思到死無他語。」即此理想的之相思語也。昔才子張靈僅許崔鶯鶯為佳人，然予意猶以為未洽，欲予另出一言更正之，予又弗能自抒其胸臆。天下才子，其能各以其理想中之佳人繪為藍本，描摹於小說、傳記、詩詞間以示我乎？予馨香祝之矣。

天地之妙句，以詞為多

予不解聲韻而愛填詞，日後必下工夫學之，此道較作詩為尤難也。今之作詞者僅求合譜不求上口，於平仄中無有差訛，已自命為老手，然此類之老手又多板滯不見性靈，是於音調上、字句上無一可取也。不得已而思其次，現值音韻蕭歇之日，何如仍以注重性靈為主，而予之樂於為詞者，亦僅取詞之一道最能發揮性情故也。里巷歌謠每多天地間之至理、藝苑之妙句，然其所謂至理、所謂妙句者，類皆似詞中語，可見妙句以詞為最多，而天地間之至理乃易發現於此長短句中也。

詞與詩不同，曲又與詞不同

詞與詩不同，曲又與詞不同，然詞固又可合於詩也。《藥園閒話》曰：「〈殷雷〉之詩『殷其雷，在南山之陽』，此三五言調也。〈魚麗〉之詩『魚麗於罶，鱨鯊』，此二四言調也。〈江汜〉之詩『不我以，不我以』，此疊句調也。〈東山〉之詩『我來自東，零雨其濛，鸛鳴於垤，婦歎於室』，此換韻調也。〈行露〉之詩『厭浥行露』，其二章又云『誰謂雀無角』，此換頭調也。凡此煩促相宣，短長互用，以啟後人協律之原。」是其明證矣。至於曲之與詞相似，淺而易見，勿待解釋。然詩、詞、曲之分界又竟如何？王阮亭有曰：「詞中之『無可奈何花落去，似曾相識燕歸來』，定非香奩詩；曲中之『良辰美景奈何天，賞心樂事誰家院』，定非草堂詞。」卻真不可思議，有天然之界限也。

填詞作曲須曉七聲

填詞作曲須曉七聲，近今詞學荒蕪，崑曲絕響，故七聲之學亦無人過問矣。邇年忽講究皮簧，尊崇譚派，謂譚鑫培之吐字悉有陰平、陽平之別，於是一般戲迷遂退而考求七聲，予亦戲迷之一，敢不從事？嘗按之毛氏《七聲略例》陰平、陽平、上聲、陰去、陽去、陰入、陽入之七聲，其音易曉而鮮成譜。周德清但分平聲陰陽，范善溱《中州全韻》兼分去入而作者不甚承用，故鮮見之。今略舉其例，每部以四字為準，諧聲尋理，連類可通，初涉之士庶無迷謬。計凡七部，惟上聲無陰陽可分，敘次先陰後陽，亦姑襲周氏之舊耳。例如左：

陰平聲	沖、該、箋、腰
陽平聲	蓬、陪、全、潮
上聲	無陰陽
陰去聲	貢、玠、霰、釣
陽去聲	鳳、賣、電、廟
陰入聲	穀、七、妾、鴨
陽入聲	孰、亦、爇、鑞

苟解夫此，可以唱戲，可以任意竄改腳本矣。

譚鑫培改腳本易唱法

予嘗聆譚鑫培之《碰碑》，反二簧中第四句「錦繡龍朝」之「朝」字用陽平聲咬字，「龍」字稍一提高、稍一頓挫而底底將「朝」字叫出，「朝」字之後轉折僅有五折，如他伶唱則提高亂耍一串花而「朝」字乃念成「超」字，非其陽平聲之本聲矣。又第六句「我楊家反做了馬前的英豪」，「楊家」之「楊」字係陽平聲，在此種地方唱，難得叫出陽平聲來，故譚乃易之曰「我父子」，「父子」二字均為上聲，上聲無陰陽，易於上口，高下疾徐均可任意為之也。由此以觀，名伶自改腳本、更易唱法，必有其理由在，非胡扯淡也。

陰平聲不能耍腔

又孫菊仙唱《朱砂痣》一段慢二簧，第三句「淚流臉上」之「流」字，按陽平聲叫之餘味甚長，「臉上」之「上」字的係上聲，以菊仙蒼老之喉嚨唱來亦甚悠揚不現痕跡。又第四句「難配鸞凰」之「配」字為陰去聲，故叫得切實。至「鸞凰」二字有時亦唱作「鴛鴦」，「凰」係陽平聲，「鴦」係陰平聲，「凰」字下可以耍腔，「鴦」字下則不能耍腔也。由此類推，無論二簧、西皮，凡字之屬陽者始可用之於耍腔之第末字內，而字屬陰者則當截然中止也。原板二簧《盜骨》詞中之「我也曾征過了塞北西東」，此「東」字下不能耍腔者，以其為陰平聲故也。又《空誠計》詞中慢板西皮之「憑陰陽如反掌，保定乾坤」，此「坤」字下不能耍腔者，亦以其為陰平聲故也。至於《賣馬》詞中「兩淚如麻」之「麻」字係陽平聲，故譚鑫培遂行腔其下，愈增淒涼之韻焉。

舊劇唱詞用中州音、吳音、鄂音

舊劇唱詞大概用中州音、吳音、鄂音三種，此外又有二字，如「更」不讀庚而讀斤，「臉」不讀撿而讀簡，謂為習慣音。然以予考之，庚、青、蒸韻可通用，而「更」字可作歷字講，譬如更事之名詞即經事之謂，故「更」可以讀經。至於「臉」字，明明係居奄切、音檢，在儉韻中，其讀撿者乃俗音也，劇中獨用其古音，何足異哉？

譚鑫培何以在上海不受歡迎

上海入劇館坐包廂看戲者多婦人與大商賈，位分固然至尊，風雅全然不解，那能真悟得劇中三昧？俗伶偶善兩句花調，大標其名曰譚派以媚座客，座客聽之而悅以為譚派即如是如是，果叫天自來，其行腔之花必較此更甚。及叫天果來矣，人震其名，亦果空巷往觀矣，一聆其歌單簡乾淨，乃惶然大駭，以為譚調必不如是，非叫天為偽者，即其不用心耳，不然，胡與我平日理想中之譚叫天、習聞之譚調異乎？於是叫天遂受此理想習聞之影響，知音寥寥，不能自見於上海，可悲也！

附和模仿難有進步可言

中國人之特性惟善於附和、善於模仿，附和之徒毫無主見，模仿之物亦不過得其形似。由滬人心目中所謂之譚調以推及於他事他物，固莫不中此病也。故中國今日文章、工藝，事事物物均無進步之可言，可勝歎哉，可勝歎哉！

西人好奇心理

嘗見吳趼人所著小說，內載香港當初開埠時，華商到者寥寥，一窶人子窮極無聊，偶買得小兒玩物，以口吹「兵碰」作響，名為滴滴凍者計數十枚，攜往香港，日坐於外人總會之門大吹之。一西人出見而大異，詢每枚價若干，窶人子不善英語，伸一手指示之，蓋言一文錢也。西人不知，以為一元，即授以一銀幣。及入口吹之，一吹便破，於是奔告同類速來研究此物。及眾人至，均以為異，則爭投銀幣購而吹之，有響者、有不響者，其能於吹響之人視不能吹響之人有傲色，而不能吹響之人遂大忿，解囊出巨金購多枚吹之，旋吹旋破無吝色，求其響而後已。然彼吹能響者亦為技不精，時有破損，故亦須時時補充。如是數月，外人盡能吹作「乒碰」之聲，而窶人子之囊橐亦滿載而歸廣州矣。此事雖近滑稽，然西人確有此好奇之心理也。

西人處處求真知

又聞乙卯年巴拿馬博覽會中有一中國人設攤賣水煙，嘗獨坐攤前，執水煙筒吹紙媒子使燃，燒皮絲煙吸之。一西人見而大異，向其借一紙媒子吹之火不能燃，遂亦邀朋引類共來研究，致勞及其著名理學博士亦親來試驗。博士至，雖能按物理學加以種種之解晰，使人悟明其原理，然其不能吹之使燃如故。足見西人隨處留心，無一事不思求其真理也。國人惟知皮毛，不求進步，當恨自己之愚，莫笑他人之癡，斯可矣！

神而通之，變而化之

又聞有一善吹嗩吶之華人，偶隨貴人赴西洋，於舟中出嗩吶吹之，西人均加歎賞，一德國人尤崇拜，請其為師授以吸氣之法。後德人藝成，遂以善吹軍笛名，且譯中國《風入松》、《破陣樂》等曲牌入德國軍樂譜內。蓋外人之善學有如此者，神而通之，變而化之。以視中國留學生僅知拾人牙慧者，真有天壤之分也。

日本受中國文明之教化

日本與我國同居東方，同是黃色人種，其發見西方之文明而學之也亦同一時代，顧今日而彼則蒸蒸日上，我則毫無進步可言，果何故歟？予初亦思之不解，後見英文《京報》揭載一英人之論說，解釋此問題頗有充足之間題，特摘述之代我喉舌。

距今極遠之時代，中國即以自己之文明嘉惠於自國毗連各地之野蠻人種。此等人種不知書寫並不知計時，中國人乃以較高尚生活之理想傳授之，俾脫離野蠻之狀態。今日之所謂日本者，其初固在受教之列也。日本人之最初性質習慣，與婆羅洲食人喋血之丹克種族相差不遠，直至受中國文明之教化始脫原人狀態，知所謂法律，知所謂立法之人，知尊重聖賢之教訓，知過去之歷史，知世有較高於爭殺攘竊之生活，知美術、學問、商業為平和之盾。凡茲種種，雖日本有懸河之口亦不能辯駁也。殆其後感覺西方文明之壓迫時，日本已非復殺人喋血之種族，已遵奉中國之教範，又天性愛進取，知中國之文明雖能導人入於文化之鄉而不能獲取物質進步，向世界上爭發言權，於是棄此取彼，一反掌間將承襲於中國政治上、經濟上之原理已成為日本生活之一部者割而棄之，而別採用一思想完全不同之制度。於是為時不逾半紀，而日本在外觀上固為一歐化的國家矣。顧中國亦同時學步而進行甚遲，其所以然之故亦不難知。蓋中國文明之發展歷數千年，蟠結於人心至為深固，日本取之中國非有先天之關係，根基淺薄，故一見有其他之文明即捨舊謀新，並無困難。至於中國則不然，國民生活之理想經數千年之演進，與日本當日得自外來者不同，外來之物掘之則易，本國產生之物，非經艱辛劇烈之程式不能別取他物以代也。

予抄此文一通後，於「日本受中國文明之教化」一語思得一事證實之。偶閱鄭板橋〈題畫〉有曰：「畫家寫意二字誤多少事，欺人瞞自己，再不求進，皆坐此病。必極工而後能寫意，非不工而遂能寫意也。」予於此乃思及日本之畫。彼日本舊式畫不得不謂曰學自中國者，且其畫家頗重寫意一派，濃墨大筆亂畫桃符，即自詡曰予善於寫意，而其實乃不足博大雅之一哂也。此其故即原因於根基太淺，僅曾學我之皮毛又不肯下工夫先從規矩工筆上入手也。由此類推，凡日本所謂之文字、漢文學、詩詞等等均莫不與其寫意畫相近，皆缺少中國濃厚之真精神，與英文《京報》所云實無一不合。偶聞人言，日本有一文學博士嘗研究漢文，人詢其何故用心如是之深，彼笑而答曰：「三十年後，予將入中國執漢文之教鞭耳。」嗟夫！我國人三十年後豈遂真無一人解漢文，而必遠請顛倒文法之文學家來作我良教師耶，抑日人之言誇大不足信耶？然而須自勵矣。

甲寅年多亂事

歲在甲寅，自古多亂。劉獻廷《廣陽雜記》所纂，如堯之洪水、幽王之得褒姒、呂政之易嬴、吳三桂之叛清皆在是年，然皆弗如民國甲寅西曆一九一四年兵亂之凶劇，然此言偶然符合亦怪事也。

鬼之有無

或謂中國今日如人患麻木不仁之病，不日即將亡矣。然今日固尚未亡也，魂雖出舍而軀殼固尚在也，於是救國之士恒曰宜喚醒中國之魂或尚可救也。然喚魂固又喚之久矣，而病之無起色如故，是終不可救藥，是終須死而就木也。但死後不知有國鬼否乎？如以言人人死固有鬼也，惟無鬼之論現代科學家歷歷言之，於今請先研究鬼以證明國鬼之說。

慘死者始有鬼

人死後究竟能作鬼否？生者未曾試死一遭以試驗之，而死者又一去不返，弗肯以鬼事語人，惟餘一般未受鬼閱歷之人亂發揮其臆測之詞，以有鬼無鬼相爭論，其實皆鬼門外漢耳，烏足以言鬼？故予乃自慚人不如鬼，不敢亂談鬼道。惟據鄉間父老所傳述，大凡鬼之現世均以生前遭急病死者為多，如吊頸鬼、如產後鬼、如無頭鬼、如水鬼之類是也，至於壽終正寢者雖有疾病殺之，然其被殺也甚緩，故鬼亦無有，即有亦弗如急死鬼之惡厲。是一言以斷之曰：人惟慘死者始有鬼耳。

麻木不仁者永無翻生

人如此，國亦想當然，故予乃希望中國之速亡。譬諸亡於共和告成不久之後，固明明產後鬼也。又譬如為外人所分割，固明明為斷頭、斷四肢之慘死鬼也。留得鬼在，終尚能尋人作祟，使亡我者不能得一日半日之安寧。苟麻木不仁逐漸而死，是與壽終正寢者無異，亡後並鬼亦不可見，永無翻生之一日矣。故予乃敢作不祥之言，願中國要亡便早亡耳，木鞋兒其有意乎？

張獻忠之「七殺」

予友紹英嘗言張獻忠奇人也，且憤世之人也。不然，胡愛殺人如是之甚？且獻忠之為人別無他種嗜好，即女色亦不甚愛，唯獨具此殺人之癖，嘗剁女足為塔祭天，竟忍斷其愛妾之足為塔頂，雖曰不近人情過於殘忍，然世皆人也，胡獨彼一人不近人情如是，甘心殘忍如是？或亦其人有滿肚皮牢騷不合時宜，且視天下之人皆為可殺，故遂性情盡殺以澆塊壘乎？然其人心中之悲愴之悽楚，是當較被殺者為尤痛苦矣。相傳獻忠有短偈曰：「天生萬物以養人，人無以對天，殺、殺、殺、殺、殺、殺、殺！」嗟夫！人果因何種惡德無以對天，遂生怪傑之憤懣，一一以寶刀超度之使趨善地乎？予撰此則，予心大痛。

人口過多必致大亂

中國自有歷史以來，每逾二三百年必有一場大亂，死人總在數千萬以上，無可免者，此其故亦頗費研究。後紹英又告我曰：「大凡承平過久，人口必日益加多而生活無計，遂不得不揭竿作亂。及其終也，人數驟減一半，且所殘餘之一半大皆老弱無用，怵於死者之慘，已無作亂之心，惟有思治之念，故有傑者出遂得安然登帝位，重稱承平之世。」此言也頗有妙理，今日歐洲各國大戰經年，互爭其海上霸權、陸上霸權，與夫往昔之冒險遠出，經營荒野，滅人之國、割人之土，均莫非人數過多生活問題為之厲階。嗟夫！求生而死，詎不可悲？

關外馬賊來自山東

中國素有人口眾多之患，即如山東一省，其人民流徙於東三省者每年有數十萬，故今日東三省之人皆非滿洲土人而為關內之山東人。且山東人之往東三省者類以剽悍之民為多，譬如里有無賴不事正業，父老及鄰人均憂之，均縛而至臨海之地方，少集資與之，使赴關外謀生，並美其名曰送，於是此無賴遂乘船而往滿洲矣。然其終不能謀生如故，遂輾轉而為馬賊，大概今日關外之馬賊均山東人也，而馬賊今日所以如此眾多者，亦良由山東人中之不能謀生計、務正業者源源而來關外入夥也。此種人之在北滿及東海濱者，頗多奇男子。國無英雄留心邊事，遂使此輩為盜賊以終，豈此輩之罪哉？

招馬賊不可行

往年亦有人提倡招致馬賊，且美其名曰傑，意將有以大用之。事雖未成，然亦頗具眼力。但予之意不然，如於承平之時招致此種人而給以厚祿，養其惰性，未免可惜；如欲用其為個人死士，向國內爭權奪利，以致荼毒生靈，為罪更大，均非予所取也。苟有雄傑者出，欲用兵於東北，為四千餘年之古國壯其威聲，則是種馬傑一招便來，其勇武可駕哥薩克騎兵而上之，拼死一戰洗我國恥，亦不負男兒好身手矣。苟非此者，匪特馬賊不就撫，撫之而不善於用之亦終於為害也。

馬傑與華僑

將來東北國境不發達則已，苟一發達終是此輩馬傑之世界也。將來南洋群島不擴張則已，苟一擴張亦終是我國華僑之世界也。華僑乎，馬傑乎，是皆強大我中國、鞏固我國境、開拓我殖民地萬不可少之人才也。

或謂予乃以馬傑比華僑，未免無禮。此言也予固不能不抱歉，然予亦未嘗無說也。按明末清初鄭芝龍佔領廈門與清人抗，以廈門為思明州，後兵敗往臺灣，其子成功繼其位，雖大事未成，而革命種子乃為成功所手植以傳至今日。此革命種子無他，即祕密會社是也。初名天地會，其一派流於暹羅、新加坡、新三藩市、檀島者易名曰三合會，現時之華僑猶多有三合會中人，而其祖若父固莫不為海外避秦之人，當時清廷又何嘗不以叛賊呼之乎？彼馬傑者亦不幸而在窮邊絕域耳，如其在洋島之中又何嘗不有堅忍之精神以事商業？質言之，是皆鬱鬱不得志於國內之人而已。華僑固當尊崇，馬傑亦不可厚非也。天苟不亡中國，華僑與馬傑必能各抒其進取之精神、堅忍之能力，為中國揚國威於北陸、南洋間也，國之人其勿等閒視之。所謂隱居之士嘗與政治有關，其用意蓋首在惡政治之齷齪，故遠而避之，是則所謂隱者只以不近政治界為標準，其餘毋論寄身於何地，均足以言隱也。故人有隱於伶界、隱於商界、隱於酒鄉、隱於僧寮之稱，而不必拘拘於深山峻嶺、竹籬茅舍也。然則華僑、馬傑又何嘗不可曰隱於商界、隱於盜窟乎？且孤島重洋無異於蓬萊之境，窮邊絕北隨處是白雲之鄉，謂曰隱居，孰道不然？伊人何在，增予遐想也。

色隱

予偶撰一「盜隱」之名詞使人駭怪，茲又見衛泳之《悅容編》又發明有「色隱」二字，以為一遇治容令人名利心俱淡，如迦陵婦人集所謂「愛玩賢妻，有終焉之志」者，均色隱也。謝安之東山絲竹、馬融之絳帳笙歌，即是此中名人，有足稱者。近日不樂名利之人多卜居上海，而上海又繁華冠全國，為南方花藪，與其以「市隱」名，何如賞心尋樂以「色隱」名乎？雖然，此中苦況個中人亦有難於告人者，偶信筆及此，予又嘔心血亂發牢騷矣。

救妓女出火坑

在世界上作人已是一件苦事，而作中國人更苦；中國人固然苦，而中國人中之女子為妓女者乃苦至無可倫比。予每一涉足花叢，必聞見許多淒慘之事，掃興而退，遂以是為畏途。嗟乎！安得黃金千百萬，盡超脫千百萬可憐之女子出火坑哉！

鴇母無人權觀念

講社會主義者有廢娼之說，其實此事目前何能作到？予並非反對此說，反對徒托空言，於事無補，僅務為深遠之談者也。夫女子賣娼，與之交者仍男子也，並非與禽獸合也。男女相交有對待之性質，胡男子以為樂，妓以為苦，而其他女子之交男子者又不以為苦？此其故可以自由與不自由二語分解之。為娼者與人交乃不自由之交接也，既言不自由則非娼之所自願可知，然胡為而致此？則鴇母領家之罪也。顧鴇母領家亦有說，曰：「我之妓女固我之金錢所購來者，我為資本家而彼為勞動者，是當服從命令與人交接勿厭，以飽我囊橐。」斯言也違背人道極矣，以美國解放黑奴之例言之，文明國之人尚不以異種人為奴，而自國之人乃反以同胞為販賣品，此應受死刑者也。若言資本家與勞動者之地位，則資本家應保護勞動者，工作尚有時間，應接豈無限制？似彼鴇所為慘無人理，固法律所不能許者也，然救正之法如何？是仍須以法律制限之。

娼妓保護條例

予若得為議員，定提出一議案於議院，曰「娼妓保護案」，請定為律法。此律法之內容乃為逐漸廢娼的政策，其辦法縷列於左：

（一）飭全國巡警調查各管轄區域內之娼妓，無論領家所有抑係父母作主，均須報名請領證書。每證書收費一元或二元，自領之後即認為公娼，並目之曰第一班公娼。

（二）第一班公娼分三級，略如租界之長三、么二、野雞等。第一級三年期滿准其自由，第二級二年期滿准其自由，第三級一年期滿准其自由。自由後適人與否，領家與父母均不得干涉之。有願入濟良所、工廠者聽，有適人者領家與父母不得苛索分文。

（理由）公娼之所以分等級而各級之自由期限有差別者，因妓愈賤而交接愈濫，海上野雞花煙間日日均可延人為歡，其慘痛真較與禽獸交接尤甚，故此種苦妓自由之期限特短，以示憐恤之意。至於自由不用代價者，蓋三年或二年之服役已足以報主人，縱親生父母恩德深重，而捨身奉養亦足謂已盡子女之義務。惟其後有願工做事親者仍在人情之中，可聽其自便，但父母不能視之為應有之權利耳。

（三）經第一次調查之後，有再請領賣淫證書者仍可發給，並仍照第二條辦理，其未經官許者查出重罰。

（四）妓女各依其等級受領家管班之驅使，並在其法定之時間內名曰服役。服役之時，領家不得虐待鞭打，每夕不得接二客，有病時停止服役。有欲嫁人者，其身價不能超過當初賣價一倍以上（此項賣身契約當經官驗看並註冊，不得以少報多）。有不遵者，妓女得隨時控告之。

（五）上項辦法以十年為限，十年之後不准鴇母經營此項營業，禁止販賣人口，停發買妓一項之證書。惟親生父母經其女子之同意願為娼者，另發一種證書，准其營業，其自由之期限與第二條同。

（六）服役已滿之妓女不得再為妓女。

（七）再逾十年為尊重天賦人權計，即父母亦不得勒逼子女為娼，於是乃訂志願娼之法規（另訂之，但亦限年限）。

（八）再逾十年，廢止志願娼。

如是辦法，是三十年中可以無娼矣。雖屬狂生一時理想之談，而於數千百萬女同胞之生命之人權有莫大關係，予下筆時似有無數可憐之女子乞援於我，我心為之竟日不安。世有有心人望贊成吾說，共同推廣此辦法而校正之、補助之，功德無量也。

又中國娼在租界者為多，其下等者之在租界尤如處黑暗地獄中，備受一切未有之痛苦。吾之辦法自應及於租界，想西人素重人道，必能嘉納予言。或先由有心人以此法要求先行於租界，或組織一女界人道會以提倡之，均可也。

娶妾之惡習

中國人娶妾之惡習亦隨娼妓之眾多而發生，夫娶妾為正式太太所弗許，即予亦弗敢謂之曰合於正義。但中國一時有許多娼妓無從出脫，似娶妾亦是救饑救溺之道。然淫鬼賤夫娶妾恒在十數以上，毫無憐香惜玉之心，徒縱一時禽獸之欲，又何苦來乎？相傳清時有滿員某，多蓄姬妾，老不能興，乃伏諸女身咬其肌肉以洩恨，又性猜忌，每出外時必使諸妾易新履坐床頭，歸而視其履底有無泥汙；又某道員築一秘室，日與諸妾裸逐其間，是皆天殺的奴才也，不可為法。

也談貞節

中國女子反對丈夫娶妾，因此痛恨妓女至於切骨，殊不知妓女非樂為妓者，其所以墮落如此，命也。女子中有此種可憐人，女子不憐之而又恨之鄙之，其可恨可鄙之原則不貞而已矣。然設身處地想，所謂一品大夫人者不幸而亦陷身煙花隊中，又有何能力足保其貞乎？余澹心作《李十娘傳》，其述十娘之詞有曰：「兒雖風塵賤質，然非好淫蕩檢者流如夏姬、河間婦也。苟兒心之所好，雖相莊如賓，情與之洽也；非兒心之所好，雖勉同枕席，情不與之合也。且兒之不貞，命也。」是於貞字上似寫可以恕之矣。

不知風雅為何物

狎妓在古時本一風雅事，故娶妾亦一風雅事也。陶學士有桃葉、桃根，蘇學士有朝雲、暮雲，千古傳為佳話，而今則風雅絕響矣，可為一歎。然因此之故，妓界遂益不齒於人口，而大婦虐妾亦多於當年矣。白傳有詩曰「老大嫁作商人婦」，妓在當時以嫁商人為可悲，蓋商人不知風雅也。今日則商人占妓寮中第一把交椅，而所謂政界官宦者又大都為浪子流氓，質言之，均不知風雅為何物也。妓界又焉得不愈趨愈賤，作妾者又焉得不愈降愈卑乎？

讀《小青傳》

曩讀《小青傳》，至其絕命書中「未知生樂，焉知死悲」二語，為之揮淚如雨。嗟乎！人孰不樂生哉，下至螻蟻之微亦知生樂，而人乃獨不能知之，不亦大可悲哉！然生而無樂，生亦如死，是死之悲雖未曾知，而生之悲固已知之矣。有生而悲，死又何惜？此言也，非悲痛絕頂人何能道出？予於此，乃亟思盡取天下妒大婦而饗以老拳。然此乃理想之談也，其實人生不幸娶有此類妒婦，亦早宜死去為樂，又何心娶妾哉？

所謂志願娼

有詢予志願娼當作何解者，予應之曰：娼亦未嘗不可為也，雖以色身事人，但亦取有代價。且所謂事人之道，亦是尋常男女應有之事。尋常男女以愛情相結合，其無愛情者豈不終鰥？故娼家乃起而代之，而另以金錢為媒介焉。推其性質，實與神聖之勞動家無異，人不能從而賤之也。況所謂男女交接者，男子雖具大欲，女子亦有同嗜。以鰥夫例寡婦，則男子亦未嘗不可賣娼也。賣娼之原則在非愛情之結合，以男女二人行之便成交易，胡必勞鴇兒、龜兒干預其間，為天地間造作許多不平之事乎？

前言似不透徹，茲再作一比例。譬如一醜男子在愛情上絕不能得一美女子之歡心，然頗思交一美女子，於是有一種美女子以生計上之困苦，願捨身為娼，供此醜男子之欲念，而易金錢以養生。又譬如一醜婦人亦實不能供美男子之一盼，然亦思得美男子而交之，於是又有一種美男子因生計問題願折節與交，利其多金，是皆同一理也。惟其間均須為娼者之自願始成交易，或因來客過於醜劣，心頗不欲，則可得自由拒絕之，不如今日之苦妓一任領家之驅使，無論老幼媸妍、生張熟魏一例歡迎也。雖然，予有罪，蓋此言又未免太透徹也。

上海名妓陸蘭芬

往年上海有妓曰陸蘭芬，晚景頗自由，居胡家宅洋房，開筵慶壽，門懸燈彩，雇警兵為之彈壓，來祝壽者或馬車、或肩輿，紅藍晶頂均有而六品以下之官獨無。入壽堂叩拜如儀，蘭芬一子甫五六歲，居然衣冠回拜。及其死也，其姘頭王某為其發喪，亦署靈曰先室，其舉動之豪與闊大老官何異？故娼妓亦不可為而可為也。

名妓亦有英雌

男子不幸而為優隸、為綠林響馬，然優隸與響馬中有真英雄在，如雷海青、昆侖奴、大刀王五之類是也。女子不幸而為婢妾、為青樓賤娼，然婢妾娼妓中亦有英雄在，如綠珠、紅拂、柳河東之類是也。世有英雄，豈可具賤視娼妓之心哉？

英雄不怕出身低

無論男女，只問其是否為真英雄。如其真也，則為皇帝王侯、為夫人妃嬪、為優隸盜賊、為婢妾娼妓均是偶然之事，無所謂榮，無所謂辱，無所謂尊，無所謂卑。明太祖以沙彌作皇帝，武則天以尼姑作女主，偶然而已，豈有他哉？一切英雄望勿自餒。

蘇妓之盛未可限量

自來南都粉黛爭稱維揚之女，今日則蘇州吳娃乃於妓界上占莫大之勢力，良以蘇妓容貌娟秀，性質玲瓏，裝束淡雅，談吐圓轉，周旋敏捷，有天然美人之丰韻也。清末初向日人爭回間島，簡某都護為延吉邊防大臣，大臣乃召致蘇妓數十人往，使為延吉之樂籍。不數月，蘇妓之名喧傳於黑水白山之間，歌喉扇影傾動一時，日、俄、高麗之妓見之色沮，漸乘間逸去，纏頭脂粉之費遂為蘇妓所獨得。此雖屬一大奇舉，然亦足占蘇妓之勢力矣。珠泉居士《續板橋雜記・郭心兒傳》中有句曰：「向來秦淮諸姬，以蘇幫為文、揚幫為武。」而正、續《板橋記》中所載名花亦強半為姑蘇產，是蘇妓之盛已不自今日始，而將來之發達尚未可限量也。

紅袖添香伴讀書

鄒樞《十美詞》所記之巧蝴蝶與如意，均其十二歲至十五歲時，外祖母憐其深夜讀書無有伴者，乃命媒婆買此二女為之執洗硯擁書、拂几掃榻之役，借慰岑寂者也。此種讀書法好極好極，予若有此奇福，必終身閉門讀書，不求聞達矣。又黃永《姍姍傳》有云：「永下第歸里，常與人往來。劈箋調墨，目不暇給。思得麗姝為記室，遂聘姍姍。」此種請記室法亦好極好極，人不能享此讀書之樂，亦當享有此賢記室。然不幸如今之人，均不易言也。

被賣為妓者之心聲

時人所刊之《雙星雜誌》第三期中曾載有《憶舊圖詠》八則，為竹間吟客王簡卿所作。其〈曉虹吟榭〉一則曰：「予既不樂為西灣之遊，間有宴會則以君從。君年方稚，且樸願如良家女，予故樂之，以為目中有妓而心中固無妓也。一夕被酒至君家小坐，君忽靦顏竊留予，予異之，君曰：『鴇之命也。君不留，兒無完膚矣。』予曰：『鴇惟利是趨耳，如所欲以畀之，其免矣乎？』君曰：『然第君既出金而不屑留，兒復何顏？』予不得已為勉留一宵，君就枕三五語即酣睡，而予則終夜不能成寐，起而歎曰：『噫，此孽海也。』書之以告世之家貧而鬻其女者。」寥寥百十字，道盡個中酸楚，非尋常香豔文字也。

予居上海，常夜午驅車出，滿街「來哩來哩」之聲不絕於耳，其間且雜以「做做好事」、「謝謝耐」可憐沉痛之語。嗚呼，是豈彼輩所樂為者哉？自黃昏以至夜午，鵠立街頭，雨夜如此，雪夜如此，饑寒不顧，乃偏有心尋歡，且白晝宣淫，多多不厭。嗚呼，豈此輩女子真一淫至此哉！是皆鴇之命也，是皆如《曉虹吟榭》之言，違之則身無完膚也。予讀此文連呼曰該死該死，可憐可憐，故不避空談之譏，擬出前項之《娼妓保護案》。讀予書者有長於英文之人，能將前案譯作英文，寄之西報同為提倡，先使此輩夜夜呼「來哩」之可憐蟲得以少蘇其痛，豈非較之作種種慈善事尤為有功德乎？阿彌陀佛，阿彌陀佛！

妓女何處呼冤？

上海巡捕房常將在途拉客之雉妓拘之，科其罪曰違章，加其罪名曰取厭行人、戒其將來則錮之黑室若干日，此真莫大之冤枉！夫取厭行人、在途拉客，均非妓所願為而鴇有以迫之也，不罪鴇而罪可憐之妓，妓從何處呼冤哉？

對妓女亦當重其人權

有一種人狎妓，必大擺其臭架子，偶拂其意必暴跳而去，且非如是不可，否則畏有壽頭之稱，然有時乃累妓吃苦不淺矣。以予之思，此誠何必？妓亦人也，同有五官四肢，同是父母娘老子所養，究竟我比他又能高得幾何，便值得如此裝腔作勢？且妓之拂我因有憎我處也，妓憎我因我有可憎之道也，我亦常憎人，焉能禁人憎我？且我恃何物，乃欲買美人之心使相愛而不相憎，徒發彪勁又與我有何益？是亦可以休矣。偶見王簡卿之作，尊妓曰君，感慨及此。

毀其肢體、炙其玉面，是亦可悲也

白居易《長恨歌》有句曰：「遂使天下父母心，不重生男重生女。」此重女之俗原不可以風後世，但《綠珠傳》有句曰：「綠珠井在雙角山下，耆老傳稱汲此井者誕女必多美麗。閭里有識者以美色無益於時，因以巨石鎮之，迨後雖有產女端妍者而七竅四肢多不完具。」又有所謂昭君村者，生女皆炙破其面，故白居易又有詩曰：「不效往者戒，恐貽來者冤。至今村女面，燒灼成瘢痕。」夫以一二美人之恨事乃使父母易其重女之心，致深惡女子為不祥，恐其以美貽其終身之不幸，竟忍毀其肢體、炙其玉面，是亦可悲也。今之為賤妓者苟聆此言，必悔其初之未毀肢生瘢矣。雖然，美人之自愛其貌與佳士之自愛其才相同，苟非萬不得已，孰願自毀之？縱云出自父母之意，然事後思量，此身何辜，乃罹此劫，亦當引為終身之恨事。予意則謂與其有天賦之美貌而自毀，曷如死之為愈。嗟乎，嗟乎！是之謂不知生樂，焉知死悲。

不可唐突美人

凡為男子不可無憐恤體諒女子之心，唐皇甫權《步非煙傳》有曰：「洛陽才士有崔、李二生，崔賦詩末句云『恰似傳花人飲散，空拋床下最繁枝』，其夕夢非煙謝曰：『妾貌雖不逮桃李而零落過之，捧群佳什，愧仰無已。』李生詩末句云『豔魄香魂如有在，還應羞見墜樓人』，其夕夢煙戟手言曰：『士有百行，君得全乎？何至自矜片言苦相詆斥，當屈君於地下面證之。』數日，李生卒。」雖屬文人遊戲筆墨，然亦可藉以戒世之唐突美人者。

不解風雅以博美人歡心

《非煙傳》所述，乃在武公業之不足偶非煙，故煙書有句曰「匹合於非類」，以非類之匹合而有外遇，似為天賦之自由權，無分男女也。公業村夫，既不解風雅以博美人之歡心，又何能據有美人，使為綠珠之向主？而非煙之私趙象，係愛象之風調不能自持，且嘗以放蕩自愧。不幸好事多磨，而趙象亦未能如李靖之後來得志耳。不然，步非煙豈不能如紅拂妓之為後世稱讚哉？至武公業鞭楚非煙大煞風景，誠村夫所為，人皆弗取。李生何人，乃推波助瀾，代公業責備冤鬼，死固其罪，似尚須打入拔舌地獄始快人意。

天下男女之不可憐恕者

天下男子絕不足憐恕者有數種人，賣國賊、守財奴、元緒公、孔武有力之惡丐。天下女子絕不足憐恕者亦有數種人，妒婦、潑辣貨、鴇母、媒婆。如是種種，是皆可口。

英雄亦是浮名而已

醇酒婦人，人道是英雄末路所作之事，其實亦不儘然，此四字固可作消磨潦倒觀，然亦可作風流跌宕觀。且徒然不近酒色亦算不得即是英雄，而英雄之為物又非泥雕木塑來者，徒於不近酒色上作工夫，天下亦無此種酸臭之英雄也。宋柳永未第時有詞曰：「青春都一晌，忍把浮名換了淺斟低唱。」此真是腔子裡面語，英雄英雄亦不過浮名而已，何忍以賞心樂事換來此無用不值錢之物乎？

越想矯作英雄越不是英雄，越不想矯作英雄卻自然而然的是英雄，興之所至、情之所適，天真露焉，本色在焉。偶然思飲則入醉鄉，偶然好色則入情海，聊以消遣，豈有成心？雖屬遊戲，又見性靈。寄語亂世男兒，勿再沉迷不醒，還向人山人海中亂尋英雄之功課，亂掛英雄之商標，使咱老子看來好笑也。

馮延巳的千古詞句

南唐宰相馮延巳有樂府一章名〈長命女〉，云：「春日宴，綠酒一杯歌一遍，再拜陳三願。一願郎君千歲，二願妾身長健，三願如同樑上燕，歲歲長相見。」此真千古第一等妙文也，看來雖似平常，而三願之中層序井然，趣味深永。其第一願之所以先祝郎君者，蓋以世界之大、人類之多，在我女子惟知有郎君一人，世界無郎，我不知有世界也，人類中無郎，我不知有人，且並不知有我也。因有郎而後有世界，而後世界有人，而後人中有我，是郎者即我之世界，即我之世界所獨見唯一之人，而亦我之性命、我之靈魂也。我寧可無世界，我寧可世界無人，我寧可人中無我，然獨不可無郎也。故劈頭第一願即「願郎君千歲」，信口道來，不假思索，此蓋我心中腦中、晨昏風雨、魂夢疾病、無時無刻常常在念之一句話也。但既有郎矣，因有郎而又有世界及人矣，是不可無我也。世界沉淪不足惜，人類絕滅亦不足惜，但留得郎君在亦終須留得我在，故第二願遂「願妾身長健」，以與郎共有此極樂之世界。但既有郎矣，又有我矣，郎為妾所有，妾亦郎所愛，朝朝暮暮與郎共守，此則我之樂而亦郎之樂也。然人生有離別，會合有前定，在當初急不擇詞，只願有郎有我，既至有郎有我之後，或天公不作美，我與郎竟無從會合，或會合而又輕於別離，是有郎與無郎同、有我與無我同，早知今日何必當初，是誠不必有郎、不必有我矣。偶見樑間雙燕呢喃作情語，遂有無限心事兜上心來，於是第三願乃從容再拜而陳辭矣。妙哉妙哉！豈尋常半通文人亂謅香豔字面、胡扯淡者所能輕道？

女子心情貴在婉轉

疾痛則思父母，窮困則思良妻，其理則一，其情頗同。惟父母之呼不過天性中偶然之流露，而良妻之望乃人事上必要之相需，前者僅為老生常談，後者確為救貧要素。苟為夫者偶逢厄運未遇知心，而為妻者徒事苛求，反加鄙薄，遂使精神飽受痛苦，漸至意氣盡歸消沉，雖屬命也如斯，然亦恨無可遣矣。蓋閨房樂趣最重溫柔，女子心情貴在婉轉，當英雄得志之時或尚能受制於婦人，而遊客歸來之後奈何可見輕於妻子？況世途得失，事本尋常，中道蹉跎，天實磨煉，慰安之語尚聞來自朋儕，詬誶之聲詎可宣諸閨閫？是所謂逆耳刺心者，真無異投井下石矣。敢告天下懦男子，宜延介甫揮拳；並敢告天下惡夜叉，試看買臣潑水也，哈哈！

古今兩位柳河東

古來婦人中有兩柳河東，宋時之柳河東陳季常妻，明末清初時之柳河東即名妓柳如是而亦錢謙益之夫人也。季常妻以妒名，致東坡老人為作河東獅吼之詩，使後世儒夫聞之寒膽。蒙叟之夫人愛才如渴，遂不惜以妙齡偶老邁，為妓界中情場中添一佳話。方蒙叟初遇柳時，叟已黝顏鮐背、白髮鬖鬖，而柳則盛鬋堆鴉、凝脂竟體，燕婉之宵，錢曰：「我甚愛卿如雲之黑，如玉之白也。」柳曰：「我亦甚愛君髮如妾之膚，膚如妾之髮也。」因相與大笑，而當年酬贈遂有「風前柳欲窺青眼，雪裡山應想白頭」之句，較之獅子詩逸麗多矣。

至陳柳氏之妒，果妒至若何程度，無從考據。偶閱宋洪邁《容齋三筆》云：「黃魯直元祐中有與季常簡曰：『審柳夫人時須醫藥，今已安否？公暮年想漸求清淨之樂，姬媵無新進矣，柳夫人比何所念以致疾耶？』」又一帖云：「河東夫人亦能哀憐老大，一任放不解事耶？』寥寥數筆，足想見當年妒娘子威風及撒嬌放潑之怪像，不待小說家繪畫矣。又傳蒙叟晚年門下士有獻房中術以媚之者，試之有驗，叟驕語河東君曰：「少不如人，老當益壯。」河東君笑答曰：「華而不實，大而無當。」當時閨房燕婉之樂有如此者。迨錢死後，柳夫人以從容禦侮、慷慨殉義流芳後世，是古來女子能兼稱美人、名妓、才女、節婦者，柳一人而已。伊人何在？願與天下英雄名士共鑄金事之。

柳如是奇情俠骨

明末清初時有四大美人，一陳圓圓、二柳如是、三李香君、四董小宛。圓圓之身關係明代之存亡甚重，人有以禍水目之者，惟鈕鏽作《觚賸》曾以筆回護之，稱其入滇後以齒暮請為女道士，並贊之曰：「遇亂能全，捐榮不禦。皈心淨域，晚節克終。」此亦才子憐惜佳人之用心耳。李香君與侯生之事，有《桃花扇》傳奇傳之，豔稱人口，但亦尋常佳人才子之會合而已。董小宛事冒辟疆九年，年二十七以勞瘁死，冒作《影梅庵憶語》二千四百言哭之，事原平淡無奇，惟後來有道清季宮闈秘史者，謂順治帝之董妃即係小宛，由北兵掠之入宮，大被寵倖，用滿洲姓稱董鄂氏，辟疆即以其被掠之日為亡日，《影梅庵憶語》中闕其病狀，訣絕語不載，且追憶籤讖曰「到底不諧」，而吳梅村題小宛像詩又有「墓門深更阻侯門」之句，「侯門」二字明明有所指也。其後董妃死，順治帝傷感甚，乃遁五台為僧，吳梅村《清涼山贊佛》詩又暗指其事而詠之，是此事亦可謂奇矣。然此三人者均弗如柳如是之有奇情俠骨，是柳如是者真乃明末清初時四大美人中之第一美人也。

吳三桂真乃負情之人

吳三桂乃引狼入室之漢奸，清順治非一代創業之皇帝，一則不惜以明代江山殉其愛妾，一則無心於九重帝位去作癡僧，是其用情亦有可以並稱者。明內臣王永章《甲申日記》內載三桂家書數通，係致其父吳襄者，其初一則曰：「只能歸降，陳妾安否？甚為念。」再則曰：「達變通權，方是大丈夫。惟陳妾騎馬來營，何曾見有蹤跡？如此青年小女豈可放令出門？父親何以失算至此！兒已退兵至關預備來降，惟此事實不放心。」及後聞劉宗敏掠去陳妾，盛怒之下觀望猶存，其家書中遂復云：「初不料父親失算至此，昨乘賊不備攻破山海關，一面已向清國借兵，本擬長驅直入，深恐陳妾或已回家，或劉宗敏知係兒妾並未姦殺，一經進兵反無生理。」及清兵已至，大勢已成，而三桂之降心猶未盡死，遂又有「但求將陳妾、太子兩人送來，立刻降順」之書，意欲使其父向李闖探詢意旨。

綜觀前後之反復猶豫，既不能降又不能戰，直似一個熱螞蟻兒使人笑煞。或曰女色之顛倒英雄有如此者？予頗不以為然。蓋吳三桂決非英雄也，果真為英雄者，聞其所戀愛之人被人姦污，詎可尚存僥倖之心？與之拼命而已，豈有他哉？或又曰三桂既不能為英雄，然亦可稱多情之士乎？顧予又不許之。若果為多情之士者，則委曲求全速行歸降，乞憐於闖王之前可耳，衝冠一怒借兵而入又胡為者？倘使如其臆測之言，一經進兵反無生理，又何以對情人於地下？或又曰不敢與賊十分拼命，即所以委曲求全也。然予之意乃又敢決定，求全之道除歸降外別無他法，若不欲求全者則舉兵討賊，任賊之死情人而我乃殺賊而死以報之可耳。苟因求全而又猶豫不決，致情人因我之反復而觸賊怒、攖賊鋒，斯真為負情人矣。其後圓圓雖得生還，然已僥倖萬一。

甚矣哉！紈挎子弟之不能當事也。或又曰子之言得毋近於勸人委曲求全？然又非也。蓋三桂實未有心作英雄者，故予乃以其求全時苟安之矛攻其求全時反復之盾，並敢告亂世中人才，事至重要關頭，不能自居英雄便當自甘妾婦，作英雄固當具奇才，作妾婦亦須有卓斷，因循、反復、猶豫三者非英雄所可犯，亦非妾婦所宜有也。三桂坐此病，故後來又叛清廷，致遭覆滅，為天下笑，而予於此乃愈不信三桂之為多情之士。若三桂果真為僅知有情愛而不知有其他者，則其對於滿清當視為爾爭江山、我索愛妾，爾之江山已得、我之愛妾已歸，爾固如願我亦遂心，從此各樂其樂，我固可學范大夫載西施遊五湖去。既受王封，復為叛逆，又是何苦來乎？至若順治帝之為清代創業之祖，雖實全仗多爾袞及嫁人太后之大力，然帝頗知羞恥，常懷忿恨，遂縱情於婦人，且不惜以至尊之位殉之，是善於解脫者。雖不得目曰英主，然亦不失為奇男子矣。歷來為君主為和尚者，固無第二人癡於彼也，以視三桂似又有天壤之分、人鬼之別焉。

孝莊后誘降洪承疇

洪承疇之降清，多爾袞之出師，據最近出版清秘史所載，均清孝莊后之力，孝莊后即順治母而後下嫁為睿親王妃者是也。先是，多爾袞本無大志，而太后忽以為有機可乘，宜興大兵爭天下。及召多至，多形容憔悴，自稱此生已無復有生趣。後詢其故，多惶恐據情以告，后大笑謂何以便至此？遂留多談兵竟夕，至曉而六軍齊發矣。洪承疇之被俘，原欲學謝枋得不食而死，后聞其有孌童頗似彼，遂不惜以國母之尊飾為賤男為洪伴宿，借勸其降，而洪遂亦犧牲忠臣之令名入其彀中矣。嗟夫！天下美女子其能顛倒英雄、鼓舞豪傑如此，亦可想見其魔力之大矣。後太后下嫁，相傳有

「大禮恭逢太后婚」之詩，洪承疇得毋含酸乎？

明亡釀於一婦人

《秋燈錄》云：「御史毛羽健娶妾甚嬖，其妻來立遣之，因來速不及豫防，毛遷怒於驛遞，倡為裁驛夫之說。裁後倚驛遞為生者無從得食，相率為盜，闖王得以招致之。」流毒宗邦、覆滅明社而實釀於一婦人，是真為女禍之酷，伏於衽席矣。予記明末美人偶及於此，敢請毛大夫人出來代陳圓圓受過。世有詆圓圓為明代禍水者，何如詆此妒婦以求公允？若彼毛羽健不能奈何床頭夜叉，乃尋驛夫出氣，真是銀樣蠟槍頭，沒中用的小狗才也！

名士與美人

前云古人娶妾是一風雅事，而薄命憐卿甘作妾者亦是慕風雅來也。故古來美人名妓恒為名士才子所有，此風一倡，於是名士才子乃更為可貴，且惹起一般人之羨慕，以為天下人能得美婦人者惟名士才子而已，而名士才子有時亦頗以此自豪。故《板橋雜記》中所載之名士過江來遊秦淮，竟拍向帷之妓劉元齒之肩而言曰：「汝不知我為名士耶？」冀以自炫，其時亦不幸而遇不合時宜之妓耳，乃竟以「名士是何物、值幾文錢」之語答之，以大傷名士之心，不然，豈不又成佳話哉？但事不可以一例觀，名士之中亦真有真名士，才子之中亦真有真才子，世苟無才子名士風雅絕響，美人名妓亦終無揚眉之日也。然世有才子名士而無美人名妓點綴其間，才子名士無以炫耀於世，必亦漸為世所厭薄矣。可勝歎哉，可勝歎哉！

才子佳人相互標榜

才子以佳人貴，佳人以才子貴，二者頗有互相標榜之性質，故均能見重於世。不然，世豈有真能愛才、真能好色者哉？昔張船山詩才超妙，性格風流，四海騷人靡不傾仰，秀水金筠泉忽告所親，願化絕代麗姝為船山執箕帚，又無錫馬燦贈詩云「我願來生作君婦，只愁清不到梅花」，以船山夫人有「修到人間才子婦，不辭清瘦似梅花」之句故也。嗟夫！此二子者其用情亦可謂奇矣，得毋懷才不遇、潦倒淒涼，求佳人不得，乃不得已而思自化身為佳人以事才子，借留他生之佳話補今生之缺憾乎？嗟夫！何其悲也。船山詠此事有詩二律曰：「飛來綺語太纏綿，不獨青娥愛少年。人盡願為夫子妾，天教多結再生緣。累他名士皆求死，引我癡情欲放顛。為告山妻須料理，典衣早蓄買花錢。」「名流爭現女郎身，一笑殘冬四座春。擊壁此時無妒婦，傾城他日盡詩人。只愁隔世紅裙小，未免先生白髮新。宋玉年來傷積毀，登牆何事苦窺臣。」詞壇雅話，傳誦一時。嗟夫！船山老人「擊壁此時無妒婦，傾城他日盡詩人」二詩，其寫才子名士之幸福至此而極矣。我從來心硬，一見也留情，我其勉為名士才子乎？一笑！

吳歌真有趣

男子而思他生化身為女子作名士姬妾，已屬奇事，茲尤有奇於此者。如《隨園詩話》所載春江公子貌如美婦人，而與婦不睦，好與少俊遊，嘗賦詩云：「人各有性情，樹各有枝葉。與為無鹽妻，甯作子都妾。」豈非更為驚人？是亦孤憤之士傷心之語也。戴延年《吳語》云：「棹歌以吳江為第一，大約不出男女相慕悅之詞，而發情止義、好色不淫，頗得風人之旨。夜程水驛，月落蓬窗，每與柔櫓一聲相間動，動人鄉思，淒其欲絕。」予讀其文而豔羨之，予又曾居吳，獨未得聞吳歌以饜耳福，使人悵然。偶見《小說時報》曾載有一歌，真為天地間妙文，特錄出以公同好。歌中多吳語，其意殆言今之自由結婚也，歌云：「摸摸耐手軟如綿，心裡要想討耐嘸銅鈿。問聲耐阿姆娘，阿肯賒把我呀，到仔秋天收了穀子認利錢。姐倪說道郎阿郎，楊柳條條綠呀長，倪屋裡向爹爹只有賒酒賒肉吃，世界上那有姐倪賒嫁郎？賒嫁郎來賒嫁郎，我賒嫁郎來也弗強，也弗要討耐轉去車水當牛羊。冬天還耐湯婆子，夏天還耐竹夫人，相對乘風涼，瞞得過奴瞞不過天。唔篤鄉下人咯裡一家弗種田，半夜迢迢牽夜馬，清早起來插秧田。插秧針來插秧針，姐倪心事要分明。姐倪要曉得故歇世界比不得從前苦呀，才是自家結婚姻。」如於春江花月夜倩十五吳姬曼聲唱之，亦韻事也。吳人愛唱歌，吳音亦最適於唱歌，故隨在皆有歌趣，即如街頭巷裡拍賣零碎布匹什物者亦編為韻詞高聲亂唱。此外又有一種灘簧，亦甚動聽，林步青所演者尤為出色，有信手拈來都成妙諦之致。如有人代林步青刻灘簧專集，其價值或較之坊間所出版之胡扯淡香豔詩詞高出萬萬也。

包天笑寫歌詞，別開生面

林步青灘簧有時好談時事，亂夾新名詞其間，不甚妥當。然歌以清新為主，苟用新名詞能合程式，則亂談時事亦娓娓動聽，並不必專講言情也。《時報》天笑生有一作曰：「三月桃花紅紛紛，香閨中走進俏郎君。姐道郎呵為啥愁眉不展頻歎氣，今朝《時報》浪阿有啥新聞。說新聞來話新聞，郎君長歎兩三聲，說我伲中國借仔千千萬萬、萬萬千千格外國債，只怕今生今世裡還弗清。姐兒聽說笑吟吟，郎君說話弗聰明，你看英美德法那裡一國弗借債，借債造路、借債練兵，格種大人先生才贊成。郎君聽說氣昏昏，女流家說話不分明，各國借債都是國民監督議院協贊作正用，要像實梗閒費浪用、嫖賭吃著阿該應？」亦是有心人之作，別開生面，有足取者。

粵謳音柔而直

吳歌而外又有粵謳，大抵粵音柔而直，頗近吳越，出唇舌間似為羽音，故歌則清婉溜亮，紆徐有情，聽者亦多感動。且風俗好歌，兒女子天機所觸，雖未嘗目接詩書亦解白口唱和，自然合韻。說者謂粵謳實始自榜人之女，是殆與吳歌之始於棹歌相同也。其歌之佳者，如〈樓頭月〉一首有云：「樓頭月掛在畫欄邊，月呀，做乜照人離別偏要自己團圓？」真絕妙好詞也。又云：「我想死別與生離總唔差得幾遠，但得早一日逢君，自願命短一年。天呀，雖乃係好事多磨，亦該留我一線。」情文兼至，得未曾有，在吳歌中亦不多見。雖然，無論何鄉何土其小兒女隨意謳唱者均有妙文，惜未有人集而梓之耳。

吳語小說甚為精緻

中國方言複雜而文字則大概相同，然而吳粵之人各以其異音造出許多異字，居然能自成一體，可以入文章供吟詠，亦怪事也。予生長粵東，幼時頗解粵語，今長大忘之矣。近屢居滬，習聞吳語，甚嗜之，嘗閱《九尾龜》吳語小說而愛其精緻，安得有人創為吳語字典及吳語詩詞小說各體，為藝苑增韻事乎？

青樓名已不見風雅

自來記載青樓瑣事之書均爭道吳、越、廣東三地，且均言水上，如秦淮畫舫、如浙江江山船、如珠江蜑船，常見於各書之字裡行間，其同一風氣如是。至今日忽不然，且俱改成大陸風味，亂取妓名曰某閣、某別墅，其下且並無主人字樣。偶應局差人也，閣也、別墅也一齊搬來，然亦百無所有，仍是一個嬌滴滴之人而已，思之使人失笑。偶見一吳語詩詠其事云：「先生別號太翻新，土木名詞認作人。館閣樓台噍介事，小口心子緊隨身。」可稱絕倒。

文人詞客能曲諒女子

文人詞客能曲諒女子，見之詩詞者在古昔亦甚多，如李太白云：「若教管仲身常在，宮內何妨更六人。」如楊誠齋云：「但願君王誅宰嚭，不妨宮內有西施。」如趙甌北云：「馬嵬一死諸軍退，妾為君王拒賊多。」如袁子才云：「若教褒妲逢君子，都是《周南》傳裡人。」又詠楊妃云：「如何手把黃金鉞，不管三軍管六宮。」均措詞委婉，超生冤鬼不少。

稱女子為禍水真無道理

稱女子為禍水真是無道理事，而專制朝代罪及妻孥尤為橫蠻之舉。相傳黃巢有妾，於巢敗後被俘問罪，唐僖宗宣詔問之曰：「汝曹皆勳貴子女，何為從賊？」妾慷慨對曰：「狂賊凶逆，國家以百萬之眾失守宗祧，今陛下以不能拒賊責一女子，置公卿將帥於何地乎？」其言可謂氣壯理直，喝破專制朝代之非道。按查二瞻有云：「松之於秦始，鶴之於衛懿，非松鶴有求於秦始、衛懿，不幸為其所近，欲避之不能耳。」此種女子殆亦不幸為惡人所近，欲避不能，致罹慘禍耳。雖然，今之世已不以成敗論人矣，無所謂賊不賊，使黃巢幸而為天子，彼善辯之婦豈不儼然母臨萬邦，稱女中堯舜哉？

上海女子新髮髻

海鹽陳女士若蘭著有閨詞百首，有云：「閨中喜作道家妝，雲錦裁成綠羽裳。學戴星冠簪日月，侍兒齊綰髻雙雙。」是言雙髻乃道妝也。近來上海有所謂雙鴛戲影新式髻者，屢見於吾人眼簾，詎非滿街盡女道士乎？

上海女子服式與美術有關

女子髻式服式均與美術有關，予頗愛上海女子裝，亦以其有美術之觀念故也。惜提倡研究者尚無專家，偶出異樣，人多詆為服妖，以致不能推廣及遠，可歎也！

日本和尚可以娶妻

日本和尚可以娶妻，近欲傳其教於中國，中國僧人羨慕其娶妻一項，或將風靡。予敢告一切大方丈勿須流涎，聽予說法。據清人宋長白《柳亭詩話》所載，鮑令暉有代沙門妻郭小玉詩，可見六朝以前清規未立，人呼為梵嫂、詩娘者往往有之，今日正可趁此潮流向佛教總會要求復古也。

籌安會之主張令人失望

乙卯七八月之交，北京有所謂籌安會發現，主張推翻共和重建帝制者也。予以為此等妖人必有一種呼風喚雨、驚人泣鬼之大文章出現，及取其宣言書讀之，乃使人大失其望。寥寥數百字如小孩子所作，文筆都不清順，其最大之理由則云外人辜某曾言之也。予向來不視外國人為神聖，至此乃不得不深佩辜先生食量之巨、洩氣之悠久而又具洪大之聲，非尋常人所能及者，遂使一般鴨屎臭小狗才拾而布之，香聞全國，震驚天下。惜英法聯軍未能延辜先生往使洩氣以轟德意志耳，如果往者，彼德國綠氣炮及四十二珊攻城炮似均弗能及辜先生一洩氣之神力，今以我國危如累卵之共和當之，宜無幸矣。

痛快淋漓之文章必理直氣壯

文人筆鋒固屬可畏，然曲筆不可並論也。往者《民報》與《新民叢報》各以其革命主義、君主立憲主義筆戰於東京，以巍巍赫赫之《新民叢報》竟遭敗績，墮其令名不可復振，可見文人不能徒恃筆鋒，亦須少存公道。倒行逆施，筆亦不能為力也。古來痛快淋漓之文章無一篇不理直氣壯，文人無行亦終自誤耳，予於此嘗為梁啟超、劉申叔等可惜。

文人之筆如武士之劍

文人有三寸毛錐，武士有三尺利劍，苟均能拿定主意、站住腳跟，只向正義上作去，其幸也可以為聖人君子、英雄豪傑，其不幸也亦磊磊落落、心胸坦白，上不愧於天，下不怍於人。苟恃才而談非義，蠱惑人心，拔刀而事凶頑，流為蟊賊，大則殺其身，小則喪其名，辜負此三寸毛錐、三尺利劍，有些值不得也。

情書之所以動人

書之能最感動人者為情書，故情書者有魂靈之物也。雲箋一幅天外飛來，宛曲溫柔如晤對於一夕，且言語出於人口而無蹤，入於我耳而無跡，芳言綺語紙上留痕，有情人顧可不珍重哉？

真者自然耳

真面目握真鏡一照便見，若稍沉吟便呵氣滿鏡，未能露纖毫矣。真情亦然，其所以真者自然耳，苟一轉念便成為假。世有之情人者當求知其心中事，勿求知其腦中事，心中之事自然發生，腦中之事必轉念而出也。

善惡在一念之間

瞥然一念間，人道畜生道即由此分路，故人於惡念不畏其瞥然興，只須瞥然一念止耳。隔鄰見美女、行路獲遺金，未有不動心者，少一轉念，便來四知之畏懼而良知遂戰勝惡魔矣。世有君子，其於此種地方下工夫庶乎可。

好事難長，歡情易去

天下有情人與其得歡會之交酬，不如有別離之情況。蓋人之愛情因愈思而愈真，苟形影相隨，不離左右，其歡悅愛戀之情反覺味同嚼蠟也。且好事難長，歡情易去，有聚有散本屬常道，與其散於歡聚之後而生悲，何若久處離散之境而相安若素乎？願持此語以超度天下癡男女。

情海苦眾生

情海中苦眾生，嘗見天下未經愛情之人逍遙自適，快樂自如，任意所之，脫然無累，既羡之而又深妒之。但所謂逍遙自適、快樂自如、任意所之、脫然無累者，又未必即為天下未經愛情之人，且以彼視此，彼未經愛情者乃心無定所、情無寄託，且較陷身情海中者為尤苦。嗟夫！人人有一撇不下之事，斷不能雇倩與人，其他可攬可推、任情起倒者皆世界中事，非我事也。然我之事究係何事乎？亦不過情愛而已。情海中苦眾生雖曰苦惱，然終有一片潔白自受用地，絕非彼未經愛情之人所能享受，亦當知自足也。

人有特性始靈

物有特色，人有特性。物有特色始生，人有特性始靈。試觀石塊磊磊，可轉而不可醫者，謂非石塊之特色耶？楊柳嫋嫋可動而不可壓者，謂非楊柳之特色耶？故人卓立於萬象之上，總須獨發獨行，自立自守，沉毅為精神，進取為事業，確持其特性而毅然獨處於群小之間，以磨練丈夫之真骨頭，令其光芒燦爛，可仰可畏，可敬可拜，以視彼舉世滔滔。失我亡己，徘徊顧望，以社會之風潮為進取之標準，叩首曳尾，輒欲售身之人，與夫營營碌碌、雕鑿淫說、修練末技，執和字平字、滑字圓字為涉世秘訣，毫無毅然凜然、果然斷然之豪骨者，是皆損岩石之莊，失楊柳之美，自呈一種奇醜之怪像，不足齒於人類也。

所謂大丈夫

大丈夫者，道義之骨也，元氣之體也，社會之主人也。故須道理貫心肝，正義塡骨髓，談笑於生死之間，以示其堅毅之態度、之精神。蓋自有生民以來，未聞有柔性人而能為社會之主人與事業之元祖者也。

數理為體，軌則為用

社會之興也必有道，道也者以人間不可不由之數理為體、以不可不蹈之軌則為用，故必要者道之體而已，而政制與法律雖因時為變通，體則亙萬古莫渝焉。雖東西異俗，中外分途，有君主國、有民主國，然其國之由強盛而治平也，必不出於共由之數理，是以釋迦之心即耶穌之心，華盛頓之精神即堯舜之精神也。

不自由毋寧死

法國人有言曰「不自由毋寧死」，此言也真天地間至大至剛之魄力，足以拔山攪海，不僅使法國共和、美國十三州獨立而止也。今日法美之文物典章煥然燦然，不過此力所生之最小結果，而共和制度亦僅為義人烈士萬斛血淚中一滴血淚所凝結，其真正之精神固仍彌漫於人間，寄託於後來男子之身。使個人而無堅毅之本領，則雖法美憲法、國會亦無用之長物，不難中道而墜。如個人有此本領、具此精神則擴而大之，雖印度、波蘭亦可得重睹天日而獲自由也。

青年為社會進步之機軸

組織社會者有老弱、有青年，有大人、有赤子，年貌不一，相錯合而運轉社會進行之機關，就中為最活動之原力並為進步之機軸者，即青年是也。

青年者靈性之花蕾，活氣之寶藏也。其天真英挺之氣與識，恰如野草之浴春雨，勃然發生，無心成長，不用力而自振，直往奮進，欲捨不能，欲遏不得也。故世界者青年所獨有，世無青年，無世界矣。青年而不善於發揮其靈性其活氣，世界亦無光彩矣。老大之人尊重階級，汲汲於保守原有之情態，是其本分，不足咎也。蓋社會者一方面固為老大階級所左右，一方面則另以青年進取活動之勢力調融之、迪導之，然後進退輕重之權衡於茲而生，而保守、進取二者兩不偏倚，遂得正當之發達。是為人事之妙機，歷百世而如新者也。

青年宜養浩然之氣

今之貴乎為青年者，正宜養我浩然之氣、宏吾毅然之志，得志則以廓清弊俗為己任，不得志則以轉移風氣為己任。毋謂一人不能有為，眾人乃一人之所積而成者也；毋謂一朝夕不敵億萬年，億萬年乃一朝夕之所積而來者也；毋謂少年不逮老成人，少年不為，老則嗟何及也。若猶是口道義而心富貴，則靈識皆鈍根矣；若猶是名社會而實階級，則活氣皆死氣矣。青年負青年原不足惜，但天何以生爾、國民何以望爾，而爾乃敢負之、忍負之耶？

仁為智勇之根本

知道者智也，行道者勇也，安於道者仁也。智似般若，勇似禪定，仁似持戒；智像鏡，仁像玉，勇像劍。古稱智仁勇，仁實位於中央，仁者祖父也、將帥也，智勇者子孫也、兵卒也。仁為智勇之根本，故天下事一以貫之，仁是也。

智不生於仁是曰小智，濫學、輕浮、詭譎是也，是皆足以殺身者也。勇不生於仁是曰小勇，客氣、狂躁、殘暴是也，是皆所以成其為匹夫、盜賊者也。

有一席地層布四體，便是道場，即仁之謂也。一念相應處便是證人，一事撇得下便是解脫，即智之謂也。一念卓豎便是根基，一境抵拒得過便是降魔，即勇之謂也。

真正大學問家之腦筋

古今學者發見天地之玄理，創立一家言，夫豈難哉？在用其靈識而已。用則能覺，覺則能達；覺者自發也，達者自造也。但所謂用者不在留意於學術之形式，且尤須捨書籍文字之糟粕而務掇其精華，使古人之識見精神融入己之靈界中，便能自覺而另有所發見矣。故自古真正大學問家之腦筋，譬猶太陽之在天空，內具靈明、外放光輝，然其始也，必於外界吸收多數星塊以和益本體。是以本明者，體也；收納外方之明以益其本明者，用也，青年不可不知之。

大丈夫做事宜提得起放得下

大丈夫做事宜提得起放得下，蓋俗事有宜急了者、有宜姑置者。了之所以安心也，亦即提得起之謂也；置之亦所以安心也，亦即放得下之謂也。不了又不置，終日縈懷自擾而已，於事亦無益也。

組織青年團體甚好

中國青年會有耶教性質，其辦法甚佳，然偌大中國終不可無一國人自行組織之青年團體。予曩年在漢口有青年學社之發起，冀欲擴張及於全國，自信此種組織甚好，惜《大江報》封後予即離漢來滬，而該社亦旋即消滅，可歎也！

子然一身，全靠朋友

予十四歲喪母，十六歲喪父，孑然一身乞食於四方，十年於此，倖免溝壑，近且儼然成家矣。綜計吾生所得父母之遺產，惟曾經父母親定之未婚妻一人而已，其餘牽蘿補屋類皆仗朋友之力為。

多年來死吾愛友數人，而生者又復牢愁相對，真使人不堪設想也。

徐健侯之子過繼給我

予娶而無子，偶於甲寅春致一函於浙江徐健侯，略謂袁政府已解散國會，大逆不道矣，足下猶戀戀於微官果何為者？苟能翻然改計，天佑爾生個好娃娃也。健侯如予言，其年冬乃果生一子。乙卯春，予歸自日本，健侯即以己子為吾子，為易其名曰嘉藻，今將一歲呱呱學語矣。

凌大同之書無法付刊

予有最不能忘之死友二人，一浙江汪旦庵、一陝西凌大同。大同年長於予，而癡情稚氣乃較予為甚，遂視予為畏友。民國二年夏，予與大同同辦《大江報》於漢口，大同助予作文亙數十篇，大同死後予擬錄其〈國家社會主義與世界社會主義〉一篇付梓，名曰《大同集》，以傳我至愛之大同，汪旦庵亦允助予。未幾贛寧事起，旦庵又死，予又奔走海外，此書遂不能付刊矣。

汪旦庵胸無城府

旦庵為人天真爛漫，胸無城府，與予交既深，幾無事不就予商，無言不從予說。予嘗慨然語人曰：「世人真愛我者，惟吾旦庵耳。」旦庵非文人，故死後無可傳，予他日將為立傳傳之。

凌大同之論社會主義

大同之書予未能付刊，而予今日乃自刊其詖辭浪語無補世道之作，予心實愧怍不堪。偶翻故篋出大同原稿，摘其數則以告閱吾書者，使知大同之文真有關世道，非我之詖辭浪語比也。

大同之論社會主義也，謂之曰漸進者、自然進步者，一洗他人咬牙切齒之習，誠灌輸社會主義之良教師也。其書中主要略分社會主義發生及漸進之時期為四大時期，（一）人群自利時期，（二）人群自衛時期，（三）人群自治時期，（四）人群自化時期，而現今中國僅尚在自衛時期中也。

大同之言曰：社會主義者最慈善之事也，慈善者人群最易吸飲之甘醴，其入於人群也，始終無厭棄之一日；而政府、法律、國界、種族者極罪惡之事也，罪惡者亦人群最易吸引之鴆酒，其入於人群也，始則不解其為毒而喜之，繼則知其毒而盡力拒絕之矣。故其言又曰：世界經人群自治時期之過渡，遂成一完全之統一態度，語言無以辨，習俗無以分，種族漸次而融洽，國界將至於自消，其為完全之社會主義，已於此時而無少許之缺陷、無少許之殘壞矣。然而融之之法易、化之之法難也，所謂融者甲種與乙種同居、彼族與此族共處，同居共處而無紛爭衝突之發生，融之之意盡矣；化也者必不僅使之同居共處，且必使同居共處者若家人、若父子，竟忘其非一家之人而後可也。然而統之之道易，一之之道又難也，統者合數分子而成一大團體，而所謂分子之名義無消滅，各分子之實質仍存在也；一者並其分子之名義實質一併而歸於消滅，無少許之判別，無少許之介蒂而後可也。

觀乎大同之言，乃足以證明社會主義非漸進而使其自化不為功，故大同又言曰：社會主義固為天然之進化，而其為始以造成此天然進化者，提倡社會主義者之責任也。社會主義固為人群所趨向，而為之首倡以致人群之趨向者，提倡社會主義者之天職也。

由此以觀，大同誠有心人也。其作此書，殆盡其天職以救世也。原書甚長，予又荒於學，僅能摘此少許告人，不能多注釋之，予仍負大同也。嗚呼！

凌大同之短篇小說〈雁兒劫〉

大同又有短篇小說一篇，名曰〈雁兒劫〉，係贈我者，補錄之。

雲滿天空，霧籠江滸，長夜將半，萬籟俱寂。潮水沸沸作響，大江兩岸人跡殆斷絕，突有嗷嗷聲時斷時續發現於黑夜之大江沙洲者，為南來失群之雁兒。哀鳴長嘶，旅客聞者血淚俱下。小月破雲，若隱若現，江邊群鳥聞鳴聲而感集焉，愈助之鳴，其聲愈哀，其節愈慘，達大江之三萬里，無地不知有此孤雁作長夜鳴者。

叢林老梟奪小鳥之巢而居，巨睛突頂，兇惡甲於羽類，聽雁鳴而愕然，率其族以跡此雁，欲得雁而食以果梟腹。雁以善鳴不解藏跡，即為所獲，老鴞睹雁瘠不劇食，意羅致其群以供大嚼，於是折雁羽、拔雁毛、杜雁喙、縛雁足、矇雁睛，羈此雁於巢畔，其族類小鴞或啄雁或抓雁，雁於此時欲鳴而不得，垂首斂翼，靜以待烹。

少焉月墮，天意欲明，江干小鳥素苦梟凌，復以雁被擒，其勢不敵，含之聯厥族類，共愾同仇，磨喙抹羽，以圖一報。趁此天荒初破，清風不來，水波不興，振翼急飛，直攻鴞巢。老鴞自豪其喙爪，小梟復日肆侈佚，略不以小鳥為意。小鳥迫其巢，老鴞猶高臥未醒，迨驚覺，即倉皇遁去，莫知所終，小梟盡死於小鳥。小鳥釋雁兒，刮鴞皮衣雁兒，宰鴞肉食雁兒，喋鴞血飲雁兒。雁兒以喜鳴作融融聲，復鳴於大江之岸，群鳥和之，其樂何如。

此小說係指予初次《大江報》被封、予下獄事而言，然第二次《大江報》未幾亦亡，予幾仍膏梟吻也。

結語

予初名衡陽孤雁，後改曰一雁，又曰雁兒，昨年又改曰秋雁，無復鳴矣。今且作此詖辭浪語以媚人，得毋負良友當日推許之盛意。休矣，休矣！求幸福齋隨筆初集止於此矣。

血歷史98　PC0684

新銳文創
INDEPENDENT & UNIQUE

求幸福齋隨筆
——民初報人何海鳴的時政評論

原　　著　何海鳴
主　　編　蔡登山
責任編輯　杜國維
圖文排版　楊家齊
封面設計　蔡瑋筠

出版策劃　新銳文創
發 行 人　宋政坤
法律顧問　毛國樑　律師
製作發行　秀威資訊科技股份有限公司
114 台北市內湖區瑞光路76巷65號1樓
電話：+886-2-2796-3638　傳真：+886-2-2796-1377
服務信箱：service@showwe.com.tw
http://www.showwe.com.tw
郵政劃撥　19563868　戶名：秀威資訊科技股份有限公司
展售門市　國家書店【松江門市】
104 台北市中山區松江路209號1樓
電話：+886-2-2518-0207　傳真：+886-2-2518-0778
網路訂購　秀威網路書店：http://store.showwe.tw
國家網路書店：http://www.govbooks.com.tw

出版日期　2017年9月　BOD一版
定　　價　250元

國家圖書館出版品預行編目

求幸福齋隨筆：民初報人何海鳴的時政評論 / 何海鳴原著；蔡登山主編. . -- 一版. -- 臺北市：新銳文創, 2017.09

面； 公分

BOD版

ISBN 978-986-95251-8-3(平裝)

1. 言論集 2. 時事評論

078 106015431

讀者回函卡

感謝您購買本書，為提升服務品質，請填妥以下資料，將讀者回函卡直接寄回或傳真本公司，收到您的寶貴意見後，我們會收藏記錄及檢討，謝謝！

如您需要了解本公司最新出版書目、購書優惠或企劃活動，歡迎您上網查詢或下載相關資料：http:// www.showwe.com.tw

您購買的書名：______________________________

出生日期：________年________月________日

學歷：□高中（含）以下　□大專　□研究所（含）以上

職業：□製造業　□金融業　□資訊業　□軍警　□傳播業　□自由業

□服務業　□公務員　□教職　□學生　□家管　□其它_____

購書地點：□網路書店　□實體書店　□書展　□郵購　□贈閱　□其他

您從何得知本書的消息？

□網路書店　□實體書店　□網路搜尋　□電子報　□書訊　□雜誌

□傳播媒體　□親友推薦　□網站推薦　□部落格　□其他__________

您對本書的評價：（請填代號　1.非常滿意　2.滿意　3.尚可　4.再改進）

封面設計____　版面編排____　內容____　文／譯筆____　價格____

讀完書後您覺得：

□很有收穫　□有收穫　□收穫不多　□沒收穫

對我們的建議：______________________________

____

____

____

請貼
郵票

11466
台北市內湖區瑞光路 76 巷 65 號 1 樓
秀威資訊科技股份有限公司 收
BOD 數位出版事業部

(請沿線對折寄回，謝謝！)

姓　名：________ 年齡：________ 性別：□女 □男

郵遞區號：□□□□□

地　址：________________

聯絡電話：(日)________ (夜)________

E-mail：________________